山上 徹

食通のおもてなし観光学

鳥影社

食通のおもてなし観光学

序　文

国連世界観光機関（UNWTO）によると、二〇一六年の国際観光客数（一泊以上の訪問客）は一二億三五〇〇万人であった。さらに、二〇三〇年（予測）は約一八億人と右肩上がりに増え、まさに大交流・国際観光時代の到来である。

ところで、人間は毎日、基本的に朝昼晩の三食を食する。非日常生活圏へ移動する観光の場合、食事をどこかで調達せねばならない。この場合、観光の目的や形態、個人の嗜好《しこう》により、旅費全体に占める食費の割合は個別的で異なるが、しかし、決してこの費用は小額とはいえない。

観光ビジネスの内でも、食事（アゴ）、交通（アシ）、宿泊（マクラ）は旅行会社へ素材を提供する主要なビジネスである。旅先で「アシ・マクラ」の費用を切り詰めても、観光客の食へのこだわりの欲求は強い。特に、人びとは食のコストパフォーマンス（費用対効果）が高くなることを期待してやまない。

そこで、観光地などの料理・飲食（アゴ）は、次のように食のこだわりを「土産《どさん》・土法《どほう》」でもっておいしさをアピールしている場合が多い。

①土産（モノ）：その土地固有のこだわりの食材が食べられる。
②土法（コト）：その土地独自のこだわりの調理法・食べ方が体験できる。

この「土産・土法」の「土」とは、その土地（地方・国）を意味する。一般に、おいしい魚の目安の例として、「産地、鮮度、旬、脂」がある。特に、産地の魚などがブランド品と評価されると、値段が高くなる。しかし、土産は食材（モノ）そのものの価値だし、また、土法は調理法のスキル（コト）を強調するにすぎない。今日、観光客を食で誘引する戦略には、「土産・土法」という料理の味覚をアピールするだけでは、必ずしも、他の場所との差別化とはならない。

というのも、料理がおいしいか否かは、味覚以外に、食するヒトの感性・理性が加わり、個人的な好みで判断される。料理のおいしさはお客の心が決め、一般に、次のような「土場《どば》・土時《どじ》・土人《どじん》」からなる「五土の要素」という総合的な食事環境の適否をもって判断されよう。

③土場（モノ）：その土地ゆかりの食事場所、快適な店舗で味わいたい。
④土時（コト）：その土地の名高い年中行事、時期の季節感を楽しみたい。
⑤土人（ヒト）：その土地の著名な料理人、ローカルな接客人などに接し、振舞いを受けたい。

つまり、食のおいしさの判断は、「五土の要素」（モノ・コト・ヒト）の個別的な知覚の差で異なる。特に、その土地の知覚価値が高いと、お客はその後、引き続きリピーターとなり、さらに、良い口コミ情報を発信する。

日本では、近年、「和食の無形文化遺産」「食の安全・安心」「特産料理・B級グルメ」「地産地消」などが追い風となり、生産者などの「顔が見える」地方の飲食への関心が高まっている。
従来、訪日外国人観光客の多くは東京〜富士山〜京阪神といったゴールデンルートを選好してきた。しかし、今後、格安航空会社（ＬＣＣ）の航路網が、ますます増え、全国の地方空港へと分散化し、また、クルーズ船の地方港への寄港回数も増えることだろう。そこで、必然的に、訪日外国人の観光行動は全国各地へと拡散化し、多くの人びとが地方固有の飲食や文化体験などを楽しむことになる。

地方活性化、地方創生という視点から、食にかかわる観光振興策が重要視されている。こだわりの五土の要素に基づく食事環境の差別化は、地方創生のまちおこしの起爆剤となる可能性が大である。たとえば、温泉地という「土場」を中心に「めぐって」「たべて」「つかって」楽しむ「ＯＮＳＥＮ・ガストロノミーツーリズム」が推進されている。また、同じく、全国津々浦々で地元の食文化や食事環境を活用した「まちおこし」が模索されている。

食通と称するには、味や料理法のウンチクを語るだけでなく、地域の風土・食文化・特産料理、さらに、宗教上の食のタブーなどの知識にも深く精通することが望まれよう。そこで、本書では食材の「土産・土法」のみならず、快適でゆかりの時空間・年中行事・ヒトの振舞いなどの「土時・土場・土人」という食事環境の「五土の要素」（モノ・コト・ヒト）の好感度の大切さを論じたいと思う。とりわけ、観光学の視点を加え、食のおもてなしとはどのようなことかを明らかにすることにしたい。

なお、本書を刊行するに至った経緯は、二〇一五年四月から二〇一七年六月までの約二年間にわたり、筆者が「週刊観光経済新聞」の「食と観光」のコラム欄を執筆担当したことにある。そのコラムを加筆・修正し、本書は、『食通のおもてなし観光学』としてX章に体系化を試み、総数一六二項目のテーマで構成されていることを明記しておきたい。

最後に、本書を出版するにあたり、誠意をもってお世話下さった鳥影社社長・百瀬精一氏をはじめ、編集作業で適切なチェックを賜った編集部長・小野英一氏及びスタッフの各位に対し、心から感謝を申し上げる次第である。

二〇一八年一月

山上　徹

目次

序文

I　現代の観光学を楽しむ

1　現代観光とは何　20
2　余暇時間とはひつまぶしか　21
3　観光目的に食の楽しみを　23
4　人的資源が観光のにぎわいを創る　25
5　「新たな観光形態」の台頭　27
6　今やアウトバウンド振興の時代　28
7　観光用語を前後逆転にすると、その意味は　30
8　定年後の旅のレシピづくりを　31
9　変身外国人は年々歳々、同じからず　33
10　観光は三方よりも四方よしへ　34
11　美食の観光を楽しむ　38
12　カラフルツーリズムを楽しむ効果　39

13 マイス（ＭＩＣＥ）で観光を楽しむ 41
14 東京オリンピックレガシーの価値 42
15 ユネスコの遺産にかかわる事業とは何 45
16 被災地のエシカル消費を楽しむ 47
17 「影」のダークツーリズムを楽しむ 49

II おもてなしは Win-Win の目線

1 現代社会を捉える目力を 54
2 「笑」の見た目が「商の勝」なり 56
3 目線の類型化から老老介護を 58
4 ウサギとカメの目線は Win-Win か 62
5 サービスの語源と接待の上下の目線 63
6 ホスピタリティと賓主歴然の目線 67
7 おもてなしの表と裏は同じ目線か 69
8 おもてなしとホスピタリティとの目線 70
9 ホスピタリティの逆はどんな目線か 73
10 「江戸しぐさ」は Win-Win の目線か 75

11 「守破離の思想」のサイクルの目線 76
12 山本五十六のヒトの成長を促す目線 78
13 中国人の電車内での老人への目線 80

III ビジネス業界の接客現場

1 水商売の接客は方円の器なり 84
2 おもてなしの質の競争時代 86
3 「農場・漁場から食卓まで」のビジネス 88
4 食のおもてなしビジネスのフードチェーン 90
5 食の外部化と廃棄ロス 91
6 食べる空間は排泄と同じか 93
7 ビジネス・チャンスとクレーマー 94
8 やる気の向上はチップ制で 96
9 「従業員」よりも「社員」の呼称を 97
10 「一見さんお断り」は常連客優遇策 99
11 去り際のラスト・シーンの価値 101
12 行列ができるラーメン店事情 102

13 カマスの学習能力と無力感な職場 105
14 USJは経営理念を見直し蘇る 107
15 カジノの開業はもろ刃の剣 109

Ⅳ 食のおもてなしの原則と効能

1 料理人のおもてなしの原則 112
2 おいしさは五土の要素が原則 113
3 日本の料理法の五つの原則 116
4 調味料は「サシスセソ」が原則 117
5 調味料の味噌の原則 119
6 「おあいそ」「あがり」は店側が原則 120
7 割り勘は長続きの原則か 122
8 塩のマグネット力の効能 123
9 梅の花と梅干しの効能 125
10 七味唐辛子の効能 127
11 納豆のネバネバの効能 128
12 盛り付けの「つま」の効能 130

13 冷奴はクールガイの効能 131
14 おでんのハラル化の効能 133
15 定番の土産品の効能 134
16 「におい」は快・不快の効能 137
17 食い合わせの迷信の効能 138

V 食のおもてなしの諺と運動

1 同じ釜の飯を食う 142
2 「松竹梅」でなぜ「竹」が売れるか 144
3 「夏も近づく八十八夜」と茶の愛飲者 146
4 「ビールは液体のパン」ゆえ 148
5 「秋茄子は嫁に」は Win-Lose か 150
6 例え丼勘定でも本物志向を 151
7 ブリは縁起の良い出世魚 153
8 出世する秘訣とは運・気の心掛け 154
9 「サバを読む」より「空気を読む」 156
10 東京はオリンピック倒れにならぬか 157

11 一村一品運動は人づくりから 159
12 地産地消のまちおこし運動 160
13 身土不二の食養運動 162
14 スローフードのオーガニック運動 163

VI 年中行事と食のおもてなし

1 ハレの年中行事 168
2 正月の室礼と鏡餅 169
3 顔が見える七草粥を 172
4 節分は花街行事でプラス志向 173
5 バレンタインは倍々ゲーム 175
6 雛飾りと女性の婚期 177
7 端午の節句と食 178
8 皐月の時節と「旬」の食材 180
9 七夕の星探しの旅立ち 181
10 七夕に食する素麵 182
11 祇園祭の粽の厄除け 184

12 祇園祭に食する胡瓜と鱧 185
13 土用は、なぜ蒲焼か 187
14 キリコ祭りの集客力は郷土愛 189
15 「重陽の節句」と「長幼の序」の違い 191
16 瑞穂の国の祭の源流は新嘗祭 193
17 ハロウィンごっこを楽しむ 194
18 クリスマス・ケーキの半額の謎 196
19 年越しの蕎麦を味わう 197

Ⅶ 日本料理の源流を楽しむ

1 「鳥の目」のすしとオスプレイ 202
2 東西のすし文化 203
3 ロール寿司が日本市場を席巻 205
4 回転寿司の廃棄ロス 206
5 ざる蕎麦の差別化は海苔か 208
6 スキヤキ以上のブランド力を 210
7 和食と猫に鰹節を 212

8 日本料理の隠し味とは 213
9 公家の大饗料理 215
10 武家の本膳料理 216
11 茶道の懐石料理 217
12 寺の精進料理 219
13 和食は調理法のみ固有 220
14 六何の法則で和食を分析 222
15 チャカポンに不易流行を 224
16 和食文化を次世代へ 226
17 食育は家庭が一番 227

Ⅷ 特産料理で地方創生を

1 食の不満とこだわりの五土の要素 232
2 新幹線の駅弁が消えるかも 234
3 駅弁のデパ地下化 236
4 商店街、道の駅に負けるな 237
5 京の川床で「涼」を楽しむ 239

6 「若者・馬鹿者・よそ者」の目線で 240
7 地方創生は異業種のプロの目線を 242
8 ジブエ料理は割り下プラス食事環境を 244
9 地方創生は大根役者では勝てぬ 245
10 地方独自の土産品づくりを 247
11 第六次産業化への成否の鍵は 249
12 食材の国産志向への反省を 250
13 日本は食料自給率がなぜ低いか 252

IX 地元の特産料理を楽しむ

1 ジンギスカンは北海道か 258
2 囲炉裏で鍋料理を 259
3 きりたんぽ鍋で故郷のぬくもりを 261
4 新幹線で北陸の食の宝庫へ 263
5 ゴリ押しならぬ古都・金沢らしさを 264
6 能登の「アエノコト」で村おこしを 266
7 能登の魚醤鍋で舌つづみ 268

8 目黒のサンマのトップセールス 269
9 ほうとうで「ウチとソト」の連携を 271
10 きしめん人気はヨソ者のパワー 272
11 されど京のすぐき漬は旨い 274
12 京のおばんざいは食文化なり 276
13 京の芋棒を鱈腹食う 277
14 昆布の道と大阪の味 279
15 明石タコの吸盤のごとき集客力を 280
16 下関のフグよ福となれ 282
17 わからん長崎の卓袱料理 284
18 女性に人気の長崎ちゃんぽん 285

X 世界の宗教と食のこだわり

1 友達の友達は六次の隔たり時代 290
2 ブレックファーストは断食を破る 292
3 国際線の機内食を楽しむ 293
4 特別機内食の多彩なおもてなし 294

5 世界三大宗教と一神教の世界 297
6 仏教の食のタブー 299
7 ユダヤ教の食のタブー 300
8 ヒンズー教の食のタブー 301
9 キリスト教の食のタブー 303
10 イスラム教のハラルとハラムのタブー 304
11 イスラム教の食の六何の法則 306
12 ハラルに対する日本人の心構え 309
13 イスラム社会の手食文化の効果 310
14 トルコ料理が世界三大料理のワケ 312
15 中国四大料理を楽しむ 313
16 中国の三大珍味の最高は日本産 314
17 キムジャン文化を楽しむ 316
18 フォアグラはなぜ動物虐待か 317
19 ドリアンを楽しむ観光サイクル 319

索引

表1－1　食通のおもてなし観光形態　37
表Ⅰ－2　オリンピックレガシーの価値分析　43
表Ⅱ－1　目線の四つの類型化　61
表Ⅱ－2　サービスとホスピタリティとの違い　66
表Ⅲ－1　ホスピタリティ・ビジネスの業種別領域　88
表Ⅲ－2　食のおもてなしビジネスの範域　89
表Ⅳ－1　日本食の五つの原則のおもてなし　115
表Ⅳ－2　日本の主な食合わせのタブー　139
表Ⅴ－1　八つの「こ」食の時代　142
表Ⅵ－1　節句と年中行事の食　171
表Ⅶ－1　主な日本料理の源流　215
表Ⅶ－2　純粋な日本料理・和食・日本食との違い　220
表Ⅷ－1　食料自給率の計算方法　254

I　現代の観光学を楽しむ

1　現代観光とは何

(1)　観光の語源

観光の語源は「国の光を観る」という中国の古典「易経《えききょう》」に基づく。「観る」とは、元来、国（地方）の光（お宝）を「見る、見せる（示す）行為」という両面を併せ持つ。では、現代の観光（tourism）の定義はどのように規定されているであろうか。

(2)　観光の定義

観光政策審議会の答申（一九九五年　答申第39号）で観光とは「余暇時間の中で、日常生活圏を離れて行う様々な活動であって、触れ合い、学び、遊ぶことを目的とする」と規定した。六何《ろっか》の法則（5W1H）のWho, Why, Howを度外視し、この規定は、以下のように要約できる。

①　時間（when: 余暇時間）
②　空間（where: 非日常生活圏）
③　目的（what: 触れ合い、学び、遊ぶ）

という三要素からなる。

(3) 観光目的の多様性

先の三つの観光目的は、個々人の主観的な判断で決まり、評価は異なる。特に、それらは多様な対象を包含している。たとえば、従来型の名所旧跡巡りをはじめ、趣味・教養の諸活動、リゾート滞在、スポーツ観戦・レクリエーション活動、芸術・芸能文化の鑑賞、イベントの参加、ショッピング・飲食・ギャンブル、地元住民との交流活動などが含まれよう。

現代の観光は、もはや見るだけのサイトシーイング（sightseeing）で捉えるだけでは不十分である。それは個々人の欲求に基づき、自由時間で非日常生活圏という時空間における遊ぶなどの多様な異文化体験が観光目的に含まれることを忘れるなかれ。

2　余暇時間とはひつまぶしか

(1) 余暇の語源

余暇はギリシア語の「スコレー」（scholē）を語源とし、英語の School（学校）、Scholar（学者）に通じる。本来、それは、「教養、学ぶ」という文化創造活動を意味し、自己の教養を高める時間をいう。

(2) 余暇時間の活用

余暇時間は他人から拘束される労働時間、付帯拘束（通勤）時間及び生活必需時間（身支度、食事、家事、睡眠時間など）を除いた可処分時間が余暇（自由）時間である。現代社会は、週休二日制、プレミアムフライデー・キッズウィーク・長期連続休暇の普及、高齢・年金生活社会の到来、主婦の家事時間の減少などがある。余暇時間は観光するか否かを決定づける主要な要素といえる。

しかし、ゆとりある余暇時間を創れるか否かは本人の心がけ次第だ。文字通り、余ったヒマで退屈な時間消費は余暇時間といえないだろう。例えヒマ潰しの時間でも、時間消費を有効活用すれば、余暇の消費時間となる。

(3) ヒマ潰しの時間消費はひつまぶしか

関西で鰻めし・鰻丼は飯とウナギをまぶすので、まむしと呼ぶ。また、名古屋近辺の名物料理に、御飯を入れるお櫃《ひつ》の中に、ウナギの型崩れ、切れ端などの部位を短冊状に刻み、ご飯と混ぜてまぶした「ひつまぶし」（櫃まぶし）がある。それは一杯目、普通に食べ、二杯目はネギ、わさびや海苔などの薬味を載せて、三杯目はお茶漬けという三通りの食し方が楽しめる。

ヒマ潰しの時間消費には、従来、映画を見たり、本を読んだりしたヒトが多かった。今日でも、ヒマ潰しの際、櫃まぶしを食べるヒトはめったにいないはずだ。しかし、櫃は読み方が難しいので、店側はメニューを平仮名で表記をすることが多い。しかし、「ひつまぶし」と「ひまつぶし」は、似たような表記に見える所為か。多くのお客は早合点し、「ひまつぶし」といって、「ひつまぶし」を注文するとか。

3　観光目的に食の楽しみを

(1)　観光目的の多様化

すでに指摘したように現代の観光（tourism）は、①余暇時間（when）、②非日常生活圏（where）、③観光目的（what）に区分できる。現代の観光目的は、「見る」（seeing）という視覚に限定できず、多様化、個別化している。

たとえば、「触れ合い」は、手による触覚ばかりでなく、異文化や人びとの相互の交流という精神的な心の触れ合い、コミュニケーションを含む。また、「学ぶ観光」は、見るだけでなく、やって見せ、やらせてみる体験学習をはじめ、多様な参加型体験がある。さらに、「遊ぶ」観光目的は多様な観光形態が創造できることになる。

(2)　五感で遊ぶ観光を

カイヨワ（R. Caillois：1913～1978）は、遊びの要素を①競争、②偶然、③模擬、④めまいという動的な行為と捉えた。「遊び」は、それ自体がヒトにとって楽しい自己充足的な行為である。それは、人間のすべての五感（見る、聴く、嗅ぐ、触れる、味わう）へ訴え、体験・体感する楽しむ参加型が可能となる。

ゆえに、現代の観光目的は、Seeingをはじめ、Eating, Being, Doing, Buying, learningなどの多岐な観光対象が含まれる。

(3) 食する観光を楽しむ

食は人間の空腹を充たす生理的な必須の欲求である。しかし、観光は非日常生活圏で行われる行動ゆえ、観光客の食の欲求は観光目的の内でも、その土地固有のこだわりのグルメ料理を食してみたいという欲求が高まる。その際、おいしい食体験が実現できるならば、観光全体の印象や評価を高める決定的な要因となる。特に、二〇一三年十二月、和食がユネスコの無形文化遺産に登録された。また、「食の安全・安心」「ダイエット効果」という追い風もあり、日本食全体への関心が高まっている。それゆえ、地元固有の特産料理は地方創生の起爆剤となる。是非、各地において独自の特産料理の開発に取り組むことをおススメしたい。

4　人的資源が観光のにぎわいを創る

(1)　観光対象と観光資源との関係

観光資源とは、観光対象となる目的物である。従来、観光を「国の光を観る」という視点から観光資源とは、自然資源（自然景観・保養、気象条件、動植物）と人間が創った有形・無形な人文資源（歴史・文化、伝統・芸能、現代社会・文化）という二大資源で、一般に区分してきた。

(2)　観光目的の多様化と観光資源

現代の観光目的を「触れ合い、学び、遊ぶ」と規定するならば、自然資源、人文資源という区分だけでは不十分である。特に、遊びという観光目的には、人間が介在すると、人びとの感動が大きくなる。それゆえ、現代観光における観光資源とは自然資源、人文資源、さらに、ヒトのパワーによる人的資源を加え、三大資源で捉えるべきだ。

(3)　人的資源こそが集客力を発揮

非日常生活圏という時空間において人びとの観光目的を充足させる主要な観光資源には人間のパワー、特に、ヒトのパフォーマンスの存在が必要不可欠である。

❶ 故人の身代わりの人的資源

ヒトそのもののパフォーマンスという人的資源には、ヒトが創ってきた歴史的なストーリー（人文資源：モノ・コト）に基づき、登場人物の身代わりを演じる役者、語り部などのパフォーマンスが人びとの五感へ訴えるパワーとなる。

❷ 現代人の人的資源

他方、現代人もまた、人びとへ感動・共感力を与え、観光資源となる。たとえば、京都観光では、名物女将、舞妓などをはじめ、さらに、著名な文化人・芸能人・アスリートなどのパフォーマンスは、ときめきを高めるパワーとなる。人的資源は演者と観客とを一体化し、共感し合えるので、集客力を発揮する主要な資源となる。

(4) 観光資源（モノ・コト・ヒト）

観光資源には、自然そのものの自然資源（モノ）、人間が創造した人文資源（有形なモノ・無形なコト）、さらに、人間そのものの人的資源（ヒト：故人・現代人）が存在する。

例え自然資源、人文資源が一流でも、ヒトそのものの触れ合いが不十分で三流だと感じれば、観光地のイメージを下げ、人びとは不満を抱く。ヒトとヒトとの交流が参加型で十分、体験・体感できるならば、リピーターになること間違いないだろう。

5 「新たな観光形態」の台頭

(1) マスの語源とマスツーリズム

マスは多数・大量・大衆を意味する。マスツーリズム（mass tourism）とは、一部の富裕層に限られていた観光旅行が幅広い層へ普及した大衆観光時代、また、まとまって行動する団体旅行を指す。

新幹線の開業、ジャンボジェット機の就航、大型ホテル・旅館の開業など、交通・宿泊（アシ・マクラ）の拡充とそれに伴う低価格化、人びとの経済力の向上に伴う可処分所得の増加などを背景に、日本では一九七〇年の大阪万博を境に一気にマスツーリズム時代となった。

(2) マスツーリズムの弊害

一度に多量の観光客が押し寄せるマスツーリズムは様々な問題を露呈させた。まず爆発的なマスツーリズムにはシーズン性があり、特定の時空間に集中し、混雑を招いた。また、観光地のみならず、そこへの交通手段である道路の混雑や交通事故の多発、渋滞による物流の阻害などの諸問題を発生させた。結局、経済優先の観光開発が推進されることは自然や景観の破壊、伝統文化の変容、居住環境の劣化といったマイナスの影響が顕在化した。

⑶　多様なニューツーリズムの台頭

一九八〇年代の後半には、マスツーリズムに代わり、「新たな観光」として、もう一つの観光(alternative tourism)、さらに、持続可能な観光（sustainable tourism）が提唱された。それは観光の小グループ・個人旅行化を促進させた。特に、マスツーリズムのマイナス面を反省し、エコツーリズム（ecotourism）、民族観光（ethnic tourism）などによる参加型の観光形態が普及した。

従来のマスツーリズムでは物見遊山や「モノ消費」の団体旅行が主流であったため、不足していた三つの要素、「体験する」「学習する」「交流する」という「コト消費」を満たす必要性が生じた。また、特定のアスリートや文化芸能人などと共感・共歓する「ヒト消費」にも関心が高い。そこで、近年、「コト・ヒト消費」に関するニューツーリズム（new tourism）が多く企画されるようになった。是非、老若男女を問わず、多様なニューツーリズムを楽しんで欲しいものだ。

6　今やアウトバウンド振興の時代

⑴　インバウンドとアウトバウンドの語意

インバウンド（inbound）とは、外から自国へ入ってくる旅行者、日本への訪日外国人旅行を意味する。その逆に、日本人が海外へ出かけることはアウトバウンド（outbound）となる。

(2) インバウンドの振興

日本政府は一九八〇年代後半、日本人の国際化と貿易収支の黒字減らし策として海外旅行を奨励（テンミリオン計画）した。その後、このアウトバウンドに比べ、インバウンド数が著しく少なく、二〇〇〇年代に入り、日本の外貨獲得のためにインバウンドの振興に方針を転換した。二〇〇三年に政府は「外国人旅行者訪日促進戦略」を掲げ、「訪日旅行促進事業（visit Japan campaign:VJC)」を実施した。

(3) ツーウェイツーリズムの振興の必要性

二〇一五年、インバウンド数の右肩上がりの増加に対し、日本人のアウトバウンドは停滞し、インバウンド数の方が多くなり、国策としてもアウトバウンドを高める必要性が起きている。

観光庁では、二〇一二（平成二四）年に閣議決定された観光立国推進基本計画に基づき、諸外国との双方向の交流のツーウェイツーリズム（two way tourism）の拡大に向けて、官民一体となり、アウトバウンドの促進にも取り組んでいる。インバウンドとアウトバウンドとの双方のツーウェイツーリズムの拡大は、「日本人の国際感覚の向上」「国民の国際相互理解の増進」「インバウンド拡大への貢献」などが期待できるので、日本の若者が未知の世界へと挑戦し、海外旅行するアウトバウンド数の増加を期待したい。

7　観光用語を前後逆転にすると、その意味は

(1)　カレーライスとライスカレーの違い

用語が前後逆に使われることが多いが、その場合、混同して理解し、使われていないか。たとえば、カレーライスの文字の順番を入れ換えると、ライスカレーとなるが、例えその具材・味付けは同じでも、若干意味合いが異なる。

カレーライスはカレールーとライスを別々の器に盛り、やや高級そうなイメージとなる。

一方、ライスカレーは御飯とカレールーを同じ皿に盛る大衆的なスタイルだ。（諸説在り）

(2)　観光用語の前後逆の違い

これと似た現象として観光の用語は多様化し、新語が氾濫している。観光用語の文字を前後逆にして、比較すれば、以下のような差異が生じる。

1　①観光文化と②文化観光

①は、観光客や観光ビジネスなどによって創造された文化をいう。

②は、人間が創り出した様々な文化を観光対象化する観光である。

2　③観光都市と④都市観光

③は、観光活動との結びつきが強く観光依存度の高い都市をいう。
④は、都市そのものの機能を観光対象化する観光形態をいう。

3 ⑤観光交通と⑥交通観光

⑤は、観光地へ出かけるための手段としての交通である。
⑥は、交通手段に乗ること自体を目的とした楽しむ交通である。それにはドライブ、遊覧船、遊覧飛行などがある。

4 ⑦観光産業と⑧産業観光

⑦は、観光にかかわる営利、非営利の企業体の総称だ。旅行業に対し、主に飲食（アゴ）・宿泊（マクラ）・交通（アシ）などは観光素材のサプライヤーである。
⑧は、本来、観光とは無関係な産業の遺産、先端産業、匠のワザなどを観光対象化する観光である。
以上、最近、観光の文字を前後ひっくり返した用語が多いが、正確な違いを認識し、使用されることを望みたいものだ。

8　定年後の旅のレシピづくりを

(1)　レシピの語意

レシピ（recipe）とは料理の材料や調理手順に関する文書である。元々、それは医者から薬剤師への薬剤の内容を指示する処方箋だ。それを料理に適用して、料理の味覚をはじめ、食品の安全性を含めて使われている。

さらに、このレシピの用語は料理のみならず、団塊の世代以降の人びとが定年を迎えており、定年後の生き方や行動の指針としても、使用することが可能である。

⑵「月日は百代の過客」定年後の旅のレシピを

働き、金を稼ぐ時期を終えた定年は人生の終着駅ではない。定年後の生活がヒマ潰しのために、「毎日ゴロゴロ」したすごし方のレシピでは味気ない。そこで、定年は第二段階の人生の乗換駅と捉えるべきだ。定年後とはいえ、前向きな人生設計として観光へのレシピづくりの挑戦を試みて欲しいものだ。芭蕉《ばしょう》の旅立ちのごとく、「日々旅にして旅を栖《すみか》とす」漂泊のさすらいの旅を楽しむもよし。しかし、単に見て回遊するだけではなく、行った場所で何かを楽しむことが見つけられると良い。人間の高度な欲求にはグルメ料理をおいしく食する贅沢《ぜいたく》もある。そこで、近年、地域固有の特産料理を食する観光目的の旅行が増えている。

⑶　定年後の観光レシピの問題点

定年後の生活設計で困ることは何だろうか。それは、年齢、体力などによる健康問題、収入の減少などの金銭的な問題がある。それゆえ、５Ｗ３Ｈの視点から最適な自己のレシピを創ることだ。つまり、六何の法則「いつ、どこで、だれが、何を、なぜに」の５Wは余暇時間が豊富にあるので、比較的問題が少ない。むしろ、体力・健康・金銭面では、３H（how）の旅程の仕方の難易（how to)、その期間の長短（how many)、旅費の高低（how much）などにおいて苦痛を感じる人びとも多いかもしれない。

だが、定年後とはいえ、再度、大輪の花を咲かせ、輝きたい方々は国内外の観光地へ出かけ、おいしい名物料理を食べるレシピづくりという食通となるおもてなし観光への挑戦を試みるべきではないか。

9　変身外国人は年々歳々、同じからず

(1)　自然と人間の違い

「年々歳々、花相似たり。歳々年々、人同じからず」（劉廷芝《りゅうていし》）。花の咲く時期・色合いは同じように毎年、繰り返すが、歳々年々、ヒトの世ははかなく変わり、人間自体は進化も、退化もする。

京都観光を例にすれば、紅葉（花）の艶やかさは年々歳々、相似たり。食材と同じく観光資源にも旬（走り、盛り、名残り）の見ごろがあり、最適なタイミングが不可欠である。

(2) 和服姿の変身外国人が増え

一方、京都では和服姿の変身外国人は歳々年々、増え続け、同じからずや。夏場はともかく、肌寒い冬季の時期、外国人らは浴衣のような水洗い可能な和服を着て京で異文化体験を楽しむことは変わらない。京の和服レンタル店は歳々年々、笑い止まらないこと相似たり、さらに、インバウンド客の増大で街に和服姿が溢れ続けている。

(3) 京の体験観光は進化・深化せよ

例え、観光のメッカ京都とて、「歴史にアグラ」は許されない。つねに、観光客に対して期待以上のおもてなしの感動を演出し、続けねばならない。それゆえ、観光資源に恵まれた京都とても、その質の進化・深化を心掛け、参加型の異文化体験となる観光商品を開発し、続けるべきだ。

10　観光は三方よりも四方よしへ

(1) VJCのスローガン

二〇〇三年、「二〇一〇年に訪日外国人を一〇〇〇万人にする」という訪日促進活動が宣言された。その観光立国へのＶＪＣ（ビジット・ジャパン・キャンペーン）のキャッチコピーは「住んでよし、訪れてよしの国づくり」であった。

⑵　VJCのキャッチコピーと近江商人の三方よし

江戸時代中期、近江《おうみ》（現在の滋賀県）商人の中村治兵衛宗岸《じへえそうがん》が残した「書置き」に「三方よし」がある。この三方よしとは「売り手よし、買い手よし、世間よし」である。VJCのキャッチコピーは、この三方よしを踏まえて日本の観光立国が提唱されていないだろうか。

❶　一方よし（観光ビジネス・売り手）

VJCのキャッチコピーでは、一方よしに、近江商人の三方よしの「世間よし」に相当する「住んでよし」という地元住民を最優先に掲げている。当時、もし一方よしとして売り手の観光ビジネスを掲げれば、観光開発に反対する人びとが猛反発し、それを意図的に避けるため、最初に、住んでよしを掲げたのではないか。そのホンネは地元の賛同・共感を得やすくするための苦肉の策ではなかったか。

しかし、本来は、観光ビジネスの売り手が一方よしになる。それらには飲食業（アゴ）・交通業（アシ）・宿泊業（マクラ）のみならず、商工業、農林漁業、金融機関など幅広い複合的なステークホルダー（stakeholder: 利害共有者）の関連事業が含まれる。

❷　二方よし（観光客・買い手）

続いて、二方の「訪れてよし」とは、近江商人の三方よしに基づけば、来訪する国内外からの「観光客・買い手」となる。観光地では、観光ビジネスが提供する商品やサービスが観光客（買い手）のニーズに合致すると満足度が高くなり、二方よしとはお客満足といえる。

3 三方よし（観光立都・住民）

これは近江商人の三方によしの「世間よし」が該当する。快適なまちづくりを推進する観光振興策は、住んでよしと、住民自身がハッピーさを感じることが必要不可欠である。さらに、観光振興は多種多様なステークホルダーの経済主体とのリンケージ（linkage：連鎖）効果が期待できる。特に、全国の地方自治体が観光立都として成長・発展すると都市全体の雇用を創出し、地域経済が活性化する。

4 四方よし（観光立国・政府の国益）

四方よしは国づくりという国益に寄与することだ。それは三方の観光分野の各経済主体が成長・発展するか否かに基づく。三方よしの観光立都の地方自治体数が増加すれば、必然的に、四方よしの観光立国（国益の増加）が実現することになる。

(3) 観光は三方よりも四方よしへ

日本の観光振興のよしには、三方よりも四方が良い。それは、**1**一方よし（観光ビジネス・売り手）＋**2**二方よし（観光客・買い手）＋**3**三方よし（観光地・地域住民）＝結果、**4**四方よし（観光立国の国益など）を導く。この場合、**1**＋**2**＋**3**すべてのステークホルダー間が共存共栄となり、

表I–1　食通へのおもてなし観光形態

フードツーリズム Food Tourism	フードは「食べ物」であるが、フードツーリズムは食文化を体験する食べ歩きツアーや広く食にかかわる観光行動を意味する。
グルメツーリズム Gourmet Tourism	美食・最高級食材を食する旅をいう。しかし、日本では必ずしも、高級品ばかりでなく、「旬のグルメ旅行」「全国区B級グルメ」「ご当地グルメ」などと持てはやされている。
ガストロノミーツーリズム Gastronomy Tourism	高級料理ツーリズムをいう。ガストロノミーデスティネーション（美食の目的地）、ガストロノミーヘリテイジ（美食遺産）などがある。
カリナリーツーリズム Culinary Tourism	「カリナリー」の語は「料理や台所」を意味する。旅先において料理体験に加わり、調理し、食べてみる観光形態である。2003年、米国に国際カリナリーツーリズム協会が設立され、〈外食産業×観光産業〉を目的とした事業を行っている。

出典：鈴木勝『観光立国ニッポンのための観光学入門』
NCコミュニケーションズ、2011年、102頁参照作成。

同じ目線でもって発展できるか否かが、観光立国ニッポンの課題ではないか。

11　美食の観光を楽しむ

(1)　ガストロノミーツーリズム

本書の問題意識は食をキーワードとしている。美食に関しては、昔から欧州でガストロノミー(gastronomy)が提唱されてきた。ガストロノミーツーリズムとは、おいしい食を求める観光と位置づけられる。わが国でも、最近、ガストロノミーツーリズムが地方固有の食文化を観光コンテンツとして磨き上げ、発信することを目標としている。それは固有の食文化を持つ地方を訪れ、その地方や伝統文化を踏まえ、食を楽しみ、食文化と観光とを融合させた観光形態をいう。

食と観光へのおもてなしに関連する英語では、表Ⅰ－1のようにFood Tourism, Gourmet Tourism, Gastronomy Tourism, Culinary Tourismなどの用語が一般的に使われる。特に、欧米では古《いにしえ》からガストロノミーツーリズムが注目されてきた。しかし、最近、日本でも、地方創生の視点から食文化による観光振興が推進されている。

(2)　ガストロノミーツーリズム推進機構

二〇一六年九月、一般社団法人「ＯＮＳＥＮ・ガストロノミーツーリズム推進機構」が設立された。それは、固有な「土場」という温泉（ＯＮＳＥＮ）とガストロノミー（美食文化）を融合し、ウォーキングで地方の食文化や景観、自然そのものを体感していく体験型観光を推進する。地方に眠る日本のお宝（温泉・景色・食）をこの際、世界の人びとが訪れ、直接、体験されることを願いたいものだ。

12　カラフルツーリズムを楽しむ効果

(1)　色彩の観光形態

人間の視覚情報の八〇％以上が色の情報といわれ、人間が色彩から受ける影響は大きい。近年、カラフルツーリズムと称する観光形態が提唱されている。それはあらゆるモノには「色」があるゆえ、観光地のイメージを単純化・識別化し、色彩でもって人びとへ訴求する観光技法だ。中国・日本では、次の三つのカラフルツーリズムが有名である。

❶　レッドツーリズム（red tourism）

日本ではレッドツーリズムとは、秋の紅葉を眺めることになる。しかし、中国の紅色旅游は中国共産党の歴史上、由緒ある革命の場所を観光地化し、中国共産党一党独裁下の愛国心と革命の歴史を教育に結び付けた革命の聖地を巡る観光だ。たとえば、毛沢東《もうたくとう》や鄧小平《とうしょうへい》などの革命指導者の生家などを巡る旅がある。

2 ダークツーリズム（dark tourism）

本来、観光はプラスの「光」が対象となるが、ダークツーリズム（ブラックツーリズム）はマイナスの「影」を観光対象化する。たとえば、日本の東日本大震災地による被災地訪問がある。また、中国の黒色旅游では南京大虐殺紀念館（侵華日軍南京大屠殺遇難同胞紀念館）、中国人民抗日戦争記念館などを巡る観光は、自国民の死、悲劇、暴虐の暗い戦跡の歴史を強烈に印象付ける政治目的の狙いがある。

3 グリーンツーリズム（green tourism）

日本では農林水産省が推進する農山村地域で自然、文化、人びととの交流を楽しむ観光である。中国の緑色旅游は農民と都会の観光客との交流を目標にする体験型観光である。

(2) 中国と日本のカラフル化の違い

このように色眼鏡的に観光形態を分ける手法は、カラーの色合いで観光地が印象づけられる。先の観光以外にブルーツーリズム、ホワイトツーリズム、イエローツーリズムなどがある。中国と日本とのカラフルツーリズムの目的は、次のように異なっている。

①中国では、共産党一党独裁下の愛国心を約十四億人の国民に浸透させるという政治目的から色彩化し、周知、徹底させようとする。

②一方、日本の旅行業界などは観光地のイメージを色彩で単純化し、集客力を発揮させるため

のプロモーション戦略の一環として推進しているという点では、かなり異なる。

13 マイス（MICE）で観光を楽しむ

(1) マイスとは

ＭＩＣＥとは、Meeting（会議・研修・セミナー）、Incentive Tour（報奨・招待旅行）、Convention または Conference（大会・学会・国際会議）、Exhibition（展示会）の頭文字をとった造語で、ビジネストラベルの一形態だ。

マイスは一度に大量の人びとが行動するだけでなく、一般の観光旅行に比べ参加者の消費額が大きいことなどから、マイスの誘致に力を入れる国や地域が増えている。

(2) ＭＩＣＥ戦略の先進国

歴史的にも、国際会議は国際団体の本部の多い欧州の開催が多い。また、コンベンション産業は米国に多い。しかし、近年、アジア・太平洋地域でも経済成長により、今まで以上に、展示会や見本市の開催で集客が期待できる。従来から、シンガポールやマカオでは国策としてＭＩＣＥ戦略を進め、巨大な統合型リゾート（ＩＲ）を保有している。そこでは、大規模な国際会議をはじめ、カジノや大規模なショッピングモールなどが設置されている。この場合、ＭＩＣＥ施設は収益施設というよりも、むしろ集客施設と位置付けられている。その会場使用料などは極力、低く抑えられ、関連する付帯施設の売上げから全体の利益を還元する戦略が推進されている。

(3) 選択と集中は忖度ならぬか

日本でも観光庁がMICE推進アクションプランを策定した。また、各自治体もマイスによるインバウンドの誘致策を実施している。日本の政策決定は歴史的に総花的であり、各地に類似施設を乱立させた。しかし、アジア諸国との競合を考えると、「選択と集中」の考え方で巨大なマイス施設や統合型リゾート（IR）の設置が望まれるところだ。だが、主観的基準を優先し、政治的に特定都市だけが認可されれば、結局、「忖度《そんたく》の有無」が問われ兼ねないであろう。

14 東京オリンピックレガシーの価値

(1) オリンピックの精神

近代オリンピックの父、クーベルタン男爵（P. Coubertin: 1863～1937）はオリンピックを「参加することに意義がある」とした。第一回大会は一八九六年、アテネ（ギリシャ）で開催された。オリンピックはその地域で最も強いアスリートが出場するので、出場選手はその地域の代表であり、ナショナリズムを高揚する機会となる。そこで、五輪は、地球の世界五大陸を輪で結び、青

表Ⅰ-2　オリンピックレガシーの価値分析

ハード：モノ 物資的文化	スポーツレガシー 都市レガシー	スポーツ・競技施設の整備、交通・バリアフリーのインフラの整備 都市再開発、交通ネットワークの整備
ソフト：コト 制度的文化	スポーツレガシー 環境レガシー	開催都市の世界における位置、国民のスポーツへの熱気 国民のスポーツ参加と健康、バリアフリー・ユニバーサル化の浸透 競技運営のノウハウ、さらに、危機管理のソフトの蓄積
ヒューマン：ヒト 精神的文化	社会的・ コミュニティーレガシー	市民の大会参加と協力、ボランティア活動の向上 教育・文化・民族、歴史認識の向上 おもてなし力の向上

出典：山上徹『ホスピタリティ精神の深化』法律文化社、2008年、106頁参照作成。

色の輪はオセアニア、黄色はアジア、黒色はアフリカ、緑色はヨーロッパ、赤色はアメリカを象徴している。

⑵　オリンピックは劇場型スポーツへ

オリンピックは競技施設や環境整備などで開催都市は多額の費用負担となった。一九八四年の第二十三回ロサンゼルス大会では「商業主義」が話題となる。スポンサー協賛金、入場料収入、記念グッズの売上げ、民間企業をスポンサーとし、華やかなスポーツ大会を演出した。オリンピックはスポンサー企業の優遇とマス・メディアへの高額な放映権料で収益をあげていく商業主義へと変わった。結果的に、オリンピックはするスポーツという道場型から観客の存在を意識する見るスポーツという劇場型への発想転換がなされた。

(3) 商業主義の劇場型からレガシーへ

二〇一二年の第三十回、ロンドン大会はコンパクトシティをかかげ、次世代に残す遺産としてレガシー（legacy）が提唱された。世界遺産（world heritage site）はハードな歴史的な施設を対象とする。表Ⅰ－2のようなオリンピックレガシーとは有形・無形遺産をも含み、広範な社会的遺産を包含する。二〇二〇年の第三十二回夏季オリンピック、第十六回パラリンピックの東京の開催は、単に一過性の花火のようなスポーツの祭典ではなく、二〇二〇年以降も、多様なポジティブなレガシーを次世代へ残す大会とせねばならない。

(4) オリンピックレガシーと観光

華やかなオリンピック大会は専ら大規模な「箱もの開発」と捉えがちだ。特に、オリンピックの開催の波及効果は大きい。しかし、終了後はハードのレガシーや大会のソフトの運営方式などをいかに有効に活用できるか。さらに、日本人の多くの人びとは選手や観客とのハートフルな交流を体験し、ヒト対ヒトのおもてなし精神を遺産とするか。表Ⅰ－2のようなハード（モノ）、ソフト（コト）、ヒューマン（ヒト）という多面的な遺産の多くは大会の開催後、観光振興に有効活用できる。同時に震災復興、地方創生などの社会的な課題を解決するオリンピックレガシーともなるであろう。特に、ヒューマン面では外国人に対し、日本への理解・関心を高め、日本人自身も自国を誇り、観光ボランティアなどへ積極的に参画することが期待できる。

15 ユネスコの遺産にかかわる事業とは何

国際連合教育科学文化機関（UNESCO）における遺産などにかかわる三大保護事業には、①世界遺産、②無形文化遺産、③世界の記憶がある。

(1) 「世界遺産」登録は保護よりも、観光振興か

一九七二年、ユネスコ総会で採択された世界遺産は貴重な遺跡や生態系などを人類全体の宝として後世に伝えるために保護する。それには世界遺産条約に基づき「文化遺産」「自然遺産」「複合遺産」の三種類がある。世界遺産への登録は顕著な普遍的価値・真正性というお墨付きを取得できるゆえ、日本では保護を目的とするよりも、観光振興策の一貫として捉えがちである。

「石の遺産」と「木の遺産」とは文化的な価値に差はない。しかし、可視的で有形な不動産に限定される文化遺産を比較すれば、一般的に、石の遺産は見栄えも良く、かつ、歴史的・規模的にも優っている。文化遺産は木の遺産よりも、石の文化圏の遺産が優位となり、地域的に偏在化する必然性がある。

(2) 「無形文化遺産」の観光への訴求力

二〇〇三年、ユネスコ総会で無形文化遺産保護条約が採択された。無形文化遺産とは、口承による伝統・芸能、祭礼・風習行事などが対象となる。それは、現在でも「生きる文化」であるが、世界遺産と同様に保護を目的とする。しかし、歴史的・民俗的に類似する遺産が別々の国から重複申請されたり、また、地域的な偏在なども起きている。

日本の「和食:日本人の伝統的な食文化」が二〇一三年十二月、無形文化遺産に登録されて以降、和食は国内外で関心を集め、集客力を発揮している。

(3) 「世界の記憶」の登録は公明正大に

世界の記憶 (Memory of the World: MOW) はユネスコの遺産事業として一九九二年に創設された。日本では、従来、「世界記録遺産」と表記した。英文は遺産(heritage)ではなく、記憶(memory)であり、二〇一六年、日本語の表記を「世界の記憶」に変更した。それは危機に瀕した書物・文書・手紙などの歴史的記録遺産を最新のデジタル技術を駆使して保全し、人類共通の財産と捉え、広く公開することを目的とする。

世界の記憶には、すでにアンネの日記やベートーベンの交響曲第九番の草稿なども登録された。日本にかかわる歴史的事象では、たとえば、中国が申請した「南京大虐殺《なんきんだいぎゃくさつ》」に関する資料が登録された。さらに、日中韓などの市民団体が「旧日本軍の慰安婦」に関する資料の登録を申請していたが、二〇一七年は、登録が見送られた。それは、当事国間で未だに、見解が異なり、係争中の政治問題を個人や団体などが、一方的に勝手に申請すれば、ユネスコの世界の記憶として登録されることがあってはならない。

そこで、二〇一七年からお互いに主張が対立する申請案件に関しては、選定作業前に当事者（国）間において対話・調整を要するようになった。それ自体は一歩前進かもしれない。

16　被災地のエシカル消費を楽しむ

(1)　エシカル消費とは何

エシカル（ethical）とは、何を意味するか。元々、「エコロジー」（ecology）に基づくが、それは道徳・倫理（ethic）の形容詞で「道徳的な、倫理的な」を意味する。エシカル消費は倫理的に正しい消費行動やライフ・スタイルを目指す運動である。また、それは、何を基準に消費をするかといえば、商品の価格や品質で買うのではなく、商品が誰によって生産されたかを問題視し、社会貢献をも考え、消費する運動である。

(2) 世界的な環境破壊・格差社会

現在、世界では、緊急の課題が山積している。たとえば、貧困問題、人権問題、気候変動問題など、その根本の原因は、先進国の企業が大量生産、大量消費を推進してきたことにある。そこで、このエシカル消費とは、原料、生産工程及び流通行程において環境、動植物、人間社会を配慮している商品を優先的に選択・購入するという運動だ。

①素材自体の選定（オーガニック、リサイクル）
②素材の売り手（開発途上国からの買い付け）
③商品自体の製造（化学染料を使用せず、天然染料の繊維を使う）
④公正な価格による商品取引（フェアトレード）

この消費運動は、単に環境・経済問題だけでなく、貧困・人権という社会問題をも含んだ活動である。

(3) エシカル消費の直接・間接的効果

途上国の貧困・環境問題をはじめ、さらに、国内に目を転じれば、被災地の復興、地方創生、地産地消などの社会的課題についても、倫理的な消費を促すエシカル消費が効果的となる。

消費者のエシカル消費は商品やサービスの直接な効果だけでなく、その消費行動から派生する間接的な効果や長期的なインパクトを与えることに貢献する。

⑷　被災地の絆とエシカル消費

二〇一一年三月十一日に起きた東日本大震災では、地震・大津波・原発事故が重なった。その後、被災地では、世界各地から応援・支援があったと同時に、多くの日本人はエシカル消費行動を通じて被災地との交流の輪・絆を広め、勇気づけた。この際、直接・間接的な消費行動が被災地の復興のためになった。たとえば、東北の産品の購入、東北の被災地への観光旅行をした。その結果、これらの直接的・間接的なエシカル消費は、被災地への経済・社会貢献を果たし、人びとに計り知れないパワーを与えている。

17　「影」のダークツーリズムを楽しむ

⑴　多義図形の図と地

認知心理学のルビンの壺の図形は壺に見えたり、人間の横顔に見えたりする多義図形（反転図形）として有名だ。これは「図」と「地」に分化（分離）できる。壺はひとつのまとまりの「図」であり、また、図の周囲にある背景のヒトの横顔は「地」となる。「図」は芝居を演じる表舞台を意味するならば、「地」は裏の楽屋に相当する。

先に述べたように観光の語源とは、その国（地方）の光（お宝：ハレ）を「見る、見せる（示す）行為」であった。語源的に観光とは、ルビンの壺の「図」に相当するご当地の光輝くお宝（ハレ）である観光資源を「見る、見せる行為」といえる。

(2) 観光の「光と影」

現代観光は「光と影」に分けると多様な対象が存在する。ルビンの壺の多義図形の「図と地」は、まさに観光の光（ハレ）が図であり、影（ケ・ケガレ）が地となる。では、観光地のハレとなる光「図」に対し、観光におけるケ・ケガレの影「地」とは何だろうか。

現代観光は、人気の高い定番の名所旧跡巡り・祭礼などの光（ハレ）と同じように、ケ・ケガレの様々な「地」のニューツーリズムが登場、たとえば、ダークツーリズム（dark tourism）、エコツーリズム、コンテンツツーリズム（contents tourism）、ヘルスツーリズム（health tourism）などが注目されている。

地元の町並み・路地裏の景観、人びとの日常生活の営みなどのケ（普通）の場合でも、基本的に、来訪する観光客らが異文化体験となるので、貴重な観光対象となる。

また、マイナスのケガレ（影）でも、観光客が異文化体験できるならば、貴重な観光対象となる。特に、古戦場、城跡、天災被災の跡地などのマイナスの悲劇、ケガレ（影）の場所はダークツーリズムにおける観光対象となる。

⑶　被災地の「影」のダークツーリズム

ダークツーリズムは、アウシュヴィッツ強制収容所、広島の平和記念碑（原爆ドーム）などの文化遺産がマイナスのケガレ（影）の観光対象としてすでに、集客力を発揮している。

一般的に、被災地の地元では、被災したケガレ（影）の事物や施設などを保存することを忌み嫌い隠したりし、解体・撤去する傾向がある。しかし、長期的に考えると、東日本大震災地や天災地などではそれらを逆に活用し、ケガレ（影）の聖地としてダークツーリズムの観光資源として蘇らせれば、一隅を照らす観光対象になること間違いなしだ。しかし、被災地の人びとの心情も無視できないジレンマもあるであろう。

II

おもてなしはWin-Winの目線

1　現代社会を捉える目力を

(1) 変化の激しい時代の目力

現代社会は変化が激しく、かつ、その変化のスピードも凄まじい時代である。ビジネスの経営者は、この変化の激しい時代にビジネスの舵取りをし、成果を挙げねばならない。では、人間の目は「二つ」と答えがちであるが、多角的な視点を持って物事を捉えるには「鳥の目」「魚の目」「虫の目」「コウモリの目」という四つの目力が必要となる。

(2) 「鳥・魚・虫・コウモリの目」の捉え方

1 鳥の目（マクロ）

鳥の目は物事を全体的に捉えることだ。鳥類や空撮《くうさつ》用ドローンのように鳥瞰《ちょうかん》的に大所高所からの判断力が大切である。それは「木を見て森を見ず」ではなく、森全体を見渡すことだ。

2 魚の目（トレンド）

これは潮流を感じ取る。つまり、時代の流れを見極める目である。ビジネスはスピードが命、時代の変化を動態的に観察し、ビジネス・チャンスとして生かすためにも空気を読むことが大切である。

3 虫の目（ミクロ）

虫の目は複数の目からなり、複眼である。複眼をつかって様々な角度から個体を注意深く見る目である。つまり、細部を注視し、足元を見つめ直す。顧客と接する現場を中心に現物と現象と向き合い、具体的な手段、戦術を使って自社の足元を捉え直す視点である。

4 コウモリの目（逆さま）

現代の厳しい競争社会を生き抜くためには、さらに、第四の目「コウモリの目」も必要となる。コウモリは逆さにぶら下がっていることから、業界の常識を破り、物事を反対側から見たり、普通の固定観念に捉われず奇想天外の発想を膨らませる目力も必要ということだ。

(3) 人間の目を忘れるなかれ

「鳥・魚・虫・コウモリ」という動物の目では、相手をおもいやるおもてなしの心やその立居振舞いは対象外となっていないか。ヒトの目の表情は、生命力や行動力をも表し、また、「目は口ほどにものをいう」というように非言語コミュニケーションといえる。人間の目は本人が思っている以上の気持ちを表現するパワーとなる。特に、情のこもった目つきは、言葉で説明する以上に、相手へ感情を伝える。ビジネスではお客に対し、Win（勝つ）-Win（勝つ）の目線での笑顔や細かい点まで目を向け観察する目配りが非常に大切になる。この場合、相手の目線の読み方や、相手に対するアイコンタクトの使い方などにも配慮せねばならない。他の動物ではそのようなパフォーマンスの目線は無理なことは明らか、人間しかできないおもてなしの目力だ。

2 「笑」の見た目が「商の勝」なり

(1) おもてなしの流行語化

「おもてなし」という言葉は、二〇二〇年の東京オリンピック開催決定時に注目を集め、二〇一三年の「新語・流行語大賞」となった。近年、自治体・商店街・店舗などでは、おもてなしをコンセプトにした活動が多様に行われており、日常的に使われ、市民権を得た言葉となった。

(2) 基本は「挨拶・笑顔・お辞儀」

たしかに、日本人は、昔からおもてなしを大切にしてきた。その基本は、「挨拶・笑顔・お辞儀」「身だしなみ、言葉づかい」である。「挨拶・笑顔・お辞儀」という所作がおもてなしの基本的なスキルだ。これらは誰に対してもマニュアルに基づく同じ応対ではなく、それぞれのシーンにふさわしい「十人十色」な振舞いが前提となる。

(3) 挨拶のマナーは先言後礼

挨拶とお辞儀のマナーには、言葉が先、お辞儀は後という「先言後礼」「語先後礼」がある。初対面の折、先言後礼をマスターし、自己紹介するならば、聞くヒトは、判りやすく、見た目も当然、美しく好感度が高くなることは誰が見ても明らかだ。

(4) 見た目が一番のメラビアンの法則

人間の脳が日常的に情報量としてインプットしている五感覚の比率は「産業教育機器システム便覧」(日科技連出版社、一九七二年)によると、五官による知覚の割合は視覚器官が八三%、聴覚が一一%、嗅覚三・五%、触覚一・五%、最後に味覚が一・〇%と視覚が圧倒的に多い。また、知覚する割合は見た目が重要とするメラビアンの法則がある。それは見た目・デザイン・表情・しぐさ・視線(視覚情報:五五%)+音声、口調や話の早さ(聴覚情報:三八%)+話の内容(言語情報:七%)という比率である。見た目の評価が五五%と過半数以上であり、視覚が非常に大切だということだ。

(5) 「商」は「笑」「勝」なり

笑顔は見た目を良くし、視覚情報の大切な要素である。顔の表情は内面の心を表し、笑顔は相手に思いやりや優しさを伝える。満面の笑顔は、見ているヒトをも楽しくさせる。まさに笑顔には心の距離を縮める非言語コミュニケーションの効能がある。

見た目を良くする笑顔は商売上手の原点だ。商売の要諦とは、「笑う門には福来る」「商は笑(ショウ）なり」がある。つまり、観光ビジネスという「商」は「笑」であり、それは「勝」にも通じる。また、「笑」を「省」ずれば、「商」は「小」となる。さらに、「笑」を「昇」ずれば、「商」は「勝」にもなる。

(6) 観光ビジネスはWin-Winの笑顔を

見た目の笑顔は観光ビジネスでは、当然、元手がいらなく、かつ、莫大な利益をもたらすパワーとなる。観光ビジネスという客商売は、満面の笑顔が繁栄につながるゆえ、つねに、Win-Winの目線での笑顔を決して忘れてはいけない。

3 目線の類型化から老老介護を

(1) 目線と視線の違い

ヒトの目は「口ほどにモノをいう」との諺《ことわざ》がある。目の様子から心や態度が感知できる。目の方向を意味する言葉には「目線と視線」がある。普通、視線は目とその対象を結ぶ線、目の方向を意味する。一方、映像を媒体とするマスコミ関係者などは、目線を使う。しかし、一般に、目線と視線は目の方向を意味し、同じといえる。

(2) 目線の類型化

本書ではモノの見方の視点や捉え方を問題視するので、目線の用語を使うことにする。表II-1のように目線は四つの方向に類型化できる。

❶ 同じ目線（イコール）

同じ目線のWin-Win（勝つ、勝つ）とは、目の高さを子供と同じくし、話しかけると、子供は親近感を増すように、お互いの存在意義を認め合う勝ち組同士（winners）だ。たとえば、ホストとゲスト（host and guest）、淑女と紳士（lady and gentleman）といえば、身分的な差別もなく、対等な関係で、お互いに信頼し合う間柄の関係を意味する。

❷ 上から目線（プラス・マイナス）

上から目線のWin-Lose（勝つ、負け）の関係とは、本来、「上からモノをいう」ことである。上位者が下位へトップ・ダウン（top-down）の見方をすることだ。しかも、それは上位者が頭越しに露骨に見下し、考え方などを一方的に押しつける。つまり、身分的に王様と召使い（king and servant）という上下関係の目線となる。

❸ 下から目線（マイナス・プラス）

下から目線のLose-Win（負け、勝つ）の関係とは、上から目線の反対である。下から目線は、ボトム・アップ（bottom-up）の見方である。相手を上位にし、自分を下位におき、仰ぎ見る行為となる。この目線は、表面的に丁寧で礼儀正しいが、内面は下心・邪心を秘め、妙にへりくだってペコペコ媚《こ》びる状態となる。それは身分的に、召使いと王様（servant and king）の上下関係の目線となる。

4 同じ目線（マイナス・マイナス）

このLose-Loseの同じ目線は善悪を判断せず、喧嘩した者は双方同じく罰せられる喧嘩両成敗である。身分的には双方、召使い（servants）である。その責任は双方に課され、共倒れの負け組（losers）といえる。

(3) 老老介護は四つの目線が織り成す

近年、日本人の平均寿命が延び、高齢者が高齢者を介護する「老老介護」をはじめ、夫婦共に認知症の「認認介護」が増えている。

1 家族のWin-Winの目線

身体に関する介護の三大原則は食事介助、入浴介助、排泄介助である。特に、食べるという行為は栄養摂取だけでなく、食欲や生きる意欲、好奇心といった心の糧ともなる。介護食は、噛む力や飲み込む力をも配慮し、食べやすくされたWin-Winの食が望まれる。

老老介護では、同じWin-Winの家族で支え合い、家族の有難さ、至福を悦び合ったひと時もあるだろう。

2 双方共にストレスのため上下の目線

だがしかし、老老介護の相互の目線は時間の経過で変わり、最愛なWin-Winの時期は長く続かず、月日を重ねると、介護者は精神的なストレスを増幅し、時に、上から目線（win-lose）で、要介護者を虐待する事態も発生する。それは最愛のWin-Winの目線から憎しみ（hate）の目線Win-Loseや、他方では、その逆のLose-Winも起きる。

3 負け組から敵対への目線

老老介護では、目に見えない敵、まさに、酬《むく》いることの無き奉仕の戦い、相手の介護に疲れ果て、Lose-Loseの負け組へと陥る場合も起きる。さらに、相手の存在すら識別できない無関心・無視される深刻な間柄に陥ることも多々ある。

老老介護には日本の深刻な社会問題が背景にある。介護者らには、万作尽き果て同情のWin-Winに値する犯罪行為をも含み、理非の判断を即決し難い事態があまりにも多い昨今の老老介護の状態である。

表II－1　目線の４つの類型化

①　同じ目線	Win-Winの関係	Winners 自他共・勝ち組	Host and Guest Lady and Gentleman
②　上から目線	Win-Loseの関係	Top-Down 見下し・高圧	King and Servant
③　下から目線	Lose-Winの関係	Bottom up 従者・踏み台	Servant and King
④　同じ目線	Lose-Loseの関係	Losers 自他共・負け組	Baby and Child Servants

出典：山上徹『食ビジネスのおもてなし学』学文社、2015年、5頁参照作成。

4　ウサギとカメの目線は Win-Win か

(1)　カメの努力を称賛

「ウサギとカメ」の駆けっこ競走の童話からおもてなしの心とは、何かが見えてくる。足の速いウサギと足の遅いカメが競走をし、走る速度でカメは明らかにウサギに劣るにもかかわらず、コツコツと努力して最後まで諦めなかった結果、カメが勝利した。

途中でウサギが慢心からか、寝込んでしまった。しかし、どうしてウサギはゴールを目前にして眠ってしまったのだろうか。ゴールした後にたっぷり休めばよかったのではないか。

昔から日本人は、どちらかといえば、カメの努力を称賛してきた。しかし、このカメの競走の態様は、本当に正しかったのであろうか。

(2)　勝敗優先のカメには Win-Win の心なし

競争社会では「油断は禁物」で居眠りは評価できない。だがしかし、ウサギが競走中に居眠りしたのではなく、本当は急に走ったために「心筋梗塞」を起こし、うずくまっていたのかもしれない。カメはウサギを追い越す際、ただ勝つことだけを優先し、ウサギが病気か否かをも確認せず、通り過ぎた。なんとカメは薄情な動物ではないだろうか。

もしカメに相手を気遣う、気配りの心のゆとりがあれば、病気か、居眠りか否かを確かめたのではないか。しかし、カメはひたすら駆けっこ競走でウサギに勝つことばかり考え、Win-Loseの目線であった。それはスポーツマン・シップに欠け、相手をWin-Winで思いやるおもてなしの心を欠いていると批判できる。

(3)　日本企業の社会貢献の心構えを

この駆けっこの童話は動物間の話であるが、現代ビジネスは競争社会にあるとはいえ、日本の企業は利益を最優先し、経済的に金を儲けることだけではなく、社会の発展をも思いやる心が大切である。この際、Win-Winの目線による社会貢献をし、世間から評価される日本企業が多くなることを願いたいものだ。

5　サービスの語源と接待の上下の目線

(1)　サービスの語源は上下の目線

サービス（service）の語源は、英語のSlave（奴隷）、Servant（召使い）に由来する。サービスは、主人が権力を背景に上位の強者となる。他方、下位は従者（召使い）であり、隷属性を強いられる弱者である。サービスを受けるもてなされる側（買い手・王様）が主であれば、サービスを提供するもてなす側（売り手・従者）は従となる。それは基本的に対価を払い、一時的に、主従関係、上下関係、Lose-Win な目線が成立する。

(2) ビジネス慣行の接待

日本の伝統的なビジネス慣行として、かつて自社の製品の納入や有利な条件で取引できるように便宜を図ってもらうために、公務員、取引先の担当者などを料亭・高級クラブ・ゴルフあるいは麻雀などへ招待する「接待」が行われた。その飲食遊興などの費用は、もてなす企業側が原則的に、肩代わりをすることになる。

(3) 接待のホンネの目線

日本的慣行の接待は、タテマエ上、「お客との打ち合わせ」と Win-Win の目線を装っている場合が一般的である。しかし、この接待のホンネは、一般に職務権限に関する利益・情報及び便益などを提供して欲しいと、下心をもって特段にもてなす、ダーティーな場合が多い。

このような日本的慣行のダーティーな接待は Lose-Win の目線である。それでは、おもてなしやホスピタリティの Win-Win な目線と同義に捉えて良いものであろうか。

ヒトをもてなすとはいえ、どちらかといえば接待は、いたずらに下から目線で「消費者は王様・お姫様」「お客様は常に正しい」と持ち上げるようになりふり構わず、媚びる行為と類似する。

Lose-Winの下から目線には心の奥底のホンネに「下心・邪心」が秘められている。

(4) ダーティーの接待の犯罪性

この種のダーティーな接待は、金品の授受が無くとも、接待された取引先からの賄賂的な側面もあり収賄罪、接待したもてなす側は贈賄罪《ぞうわいざい》に問われる事件へと発展する可能性がある。

従来、サラリーマンの稼業で接待の多寡は仕事ができ、有能なヒトの勲章と判断され、特権意識を感じた人びとも多かった。

現在、ビジネス業界のダーティーな接待は減少傾向にある。このような邪心ある下から目線の接待は、同じ目線を意図するおもてなしやホスピタリティ精神とは明らかに異なる。Lose-Winの悪しき接待は、現代ビジネス取引において是非とも、根絶すべき日本的慣行だ。

(5) 観光客に郷に従えの上から目線

日本ではヨソ者に対し、上から目線で「郷に入れば、郷に従え」(when in Rome, do as the Romans do) という諺がある。それはヨソ者に対し、すでに住んでいる人びとの生活文化に従い、むしろ一方的に同化せよという。たしかに、それは地域住民と摩擦なく、すごすための知恵だ。しかしながら、観光客はゲストであり、住民からWin-Loseの目線で郷に従えと強制されるべきものではない。上から目線では日本のおもてなしが素晴らしいと思えと強要することと同じだ。

そのような上から目線のサービスの対応では、外国人観光客の多くは日本への不満を募らせ、二度と訪日しないかもしれない。

表Ⅱ－2　サービスとホスピタリティとの違い

	サービス	ホスピタリティ
語　源	奴　隷	客　人
目　線	上下目線	同じ目線
関係性	主従関係 Lose-Win	対等関係 Win-Win
思　い	片思いも可	相思相愛
期待度	期待通り	期待以上に高い
対　応	均質・画一化	個別化で高品質化
報　酬	求める	直接は求めず

出典：山上徹編著『ホスピタリティ・ビジネスの人材育成』白桃書房、2012 年、22 頁参照作成。

6　ホスピタリティと賓主歴然の目線

(1)　ホスピタリティの語源

ホスピタリティ（hospitality）の語源はラテン語のHospice（客人の保護）に由来する。また、日本語の「饗応《きょうおう》、接待、歓待、厚遇など」と類似する。それはホテル（hotel）や病院（hospital）とも関連し、客人・患者を手厚くおもてなしするためのワザや精神性を意図する。サービスではもてなす側ともてなされる側とが「従と主」のLose-Winな目線となった。しかし、ホスピタリティはホストとゲストの関係のように、目先の報酬・対価を求めず、相互に対等なWin-Winな目線である。それゆえ、ホスピタリティは「この時、この場所、このヒトにだけ」という個別的な対応を前提とし、結果として報酬が付いてくる。

そこで、サービスとホスピタリティとの語意には、基本的に、表II－2のような違いがあることを認識せねばならない。

1　賓主歴然の目線とは

茶の湯のおもてなしは「賓主歴然《ひんしゅれきぜん》」や「賓主互換」という言葉から判断できる。「賓」（guest）とはもてなされる側のお客であり、「主」（host）とはもてなす側の亭主である。

賓主歴然とは亭主とお客に優劣の序列はなく対等な立場が前提だ。しかし、役割分担は歴然とあり、それぞれ異なる。亭主とお客との役割は異なれども、お互い時空間を共有し、優劣なく同じ目線にて茶の湯を楽しみ合う。

2 賓主互換とは

賓主互換とは、お客（ゲスト）になったら亭主（ホスト）の気持ちとなり、お客を迎えたら、亭主はお客の心を考える。お互いに主客が入れ替わっても相手の目線を相互に置き換え、亭主の気遣いの心をお客が読み取る。賓主が自分と相手の目線を心得ていれば、お客は亭主ともなり得るし、亭主はお客にもなり得、お互いが交代し、Win-Win の目線で共創するのだ。

(2) 同じ Win-Win の目線

茶の湯のおもてなしは賓主歴然と賓主互換にある。その行為は一生に一度の出会いのように、その機会は二度と繰り返されないという「一期一会《いちごいちえ》」の精神である。大寄せの茶会と異なり、狭い茶室内の茶事では、亭主のリズムに乗って正客をはじめ、一座のお客との間で時空間を共有する。茶室内という時空間では昔は、武士と商人との身分差を忘れ、主客がお互い尊敬し合う、同じ Win-Win の目線で楽しむことが前提となった。

この考え方は、現代ビジネスのおもてなしにも応用できる。売り手はお客の気持ちを考え、お客は売り手の立場に立つことである。お互いが相手の立場を考え、感謝し合い、喜び合うというお客（ゲスト）と売り手（ホスト）はWin-Winの目線が鉄則となる。

7　おもてなしの表と裏は同じ目線か

(1)　おもてなしの無心な目線

人間の性格は本来、複雑で、時・状況によって様々に変化する。それゆえ、人間は、表裏の二面性の性格を有している。

おもてなしとは、「表なし」と解せる。「表なし」は「表の心もなく」「裏の心もなく」、相手の喜びを自分の喜びとして無心に受け止めると解せる。「表裏《おもてうら》なし」を「もって成す」とはホンネもタテマエも同じにし、素直な心、無心なWin-Winの目線が前提となる。無心なる行為には相手と一緒に「共感・共歓・共創」することである。おもてなしの心は見返りを求めず、他者への思いやり、気配りはWin-Winの目線が基本となる。

(2)　おもてなしの裏有りの目線

梨という果物は、「無し」に通じるため、日本語には「梨の実」を「有りの実」と逆にしていい換え、縁起をかつぐことがある。そこで、おもてなしの「表なし」とは、逆に「裏有り」とも揶揄《やゆ》できよう。それでは表向きのタテマエが省かれ、専ら下心・邪心をもってする腹黒いホンネの部分のみが有りと、Lose-Win の目線ともいい換えられる。

(3) おもてなしの五配り

日本のおもてなしは、正面の表情を変えずとも、裏面では相手の表情を先読みする、気遣い、心遣いといえる。つねに、気が利《き》く、目が利く、体が利くようなヒトをいう。特に、五配り（心配り、手配り、目配り、気配り、身配り）のような立居振舞いのスキルだけでなく、さらに、見えない深層からの他者への想いを含む。それには表裏一体の無心な心遣いの精神性が包含されている。

日本のおもてなしは、もてなす側（売り手）ともてなされる側（お客）との双方が共に素直な心、同じ目線、いわゆる Win-Win の目線で捉えることだ。

8 おもてなしとホスピタリティとの目線

(1) 双方の共通の目線

日本のおもてなしとホスピタリティとでは、共通と差異が混在する。

おもてなしとホスピタリティの共通点は、人間は等しく尊厳的な存在とし、優劣の上下関係はなく、お互い認め合うことである。双方の神髄は「この時、この場、このヒトだけ」をモットーに対価を求めず、個別的に行動する。双方は相互的な信頼関係を大切にし、Win-Win の同じ目線、対等な関係という点では共通する。

(2) 双方の差異の目線

おもてなしとホスピタリティの差異とは、次のような点にある。

❶ おもてなしの「不言実行型」

日本のおもてなしとは指示待ちやマニュアルに過大に依存しないで、もてなす側の接客スタッフの先読み・先回りの気づきが前提となる。それは口調や間合いの取り方を含め、お客の直接的な要望がなくても、黙って恭しく気づきの最適な所作をする。例えお客はそこにいない場合でも、お客への心配りは忘れず、つねに誠意をもって行う。おもてなしは接客スタッフの経験・体験から創られた匠《たくみ》のワザ、つまり、お客の潜在的なニーズを先読み・先回りの暗黙知のワザで察知（習字の草書にあたる）し、お客が期待した以上の満足感を与える行為となる。その気づきは身体的な勘どころのような暗黙知のワザである。

❷ ホスピタリティの「有言実行型」

欧米のホスピタリティとは、レディー・ファーストを原則とする。お客を気遣う際、まず May I help you? と伺う。それはお客の個別的な要望が何であり、何を求めているかを問いかけ、その返答後に、マニュアルに基づき、最適な対応策を心掛ける。ホスピタリティは、日本のおもてなしの先回りの不言実行型の気づきよりも、お客が何を望んでいるかを伺い、まず、それを確認し、その対応は形式知の文章化されたマニュアルの応用型（行書にあたる）の「有言実行型」が基本となる。

(3) おもてなしの心遣いは上位なり

おもてなしとホスピタリティとは互いに畏敬の心を大切にし、同じ目線、信頼関係を前提とし、お客満足を心掛けている点では差がなく、同じレベルといえる。しかし、表Ⅱ－2のようにサービスとはマニュアル依存型（楷書）であれば、有言実行型のホスピタリティはまず、相手に伺い、かつ、マニュアルの形式知に基づく応用型（行書）の対応といえる。一方、不言実行型の日本のおもてなしは暗黙知のワザのごとき、先読みの極上の立居振舞い（草書）で「離れワザ」のレベルである。それゆえ、双方の心遣いの度合いを比較すれば、日本のおもてなしは不言実行型で先回り・先読みの判断力が要求されるので、ホスピタリティよりもやや上位なレベルといえる。

(4) 公共の場は有言実行型を

最近、都会の鉄道駅構内のアナウンスなどでは、困っているヒトを見かけたら、「何かお困りでしょうか」、いわゆる「有言実行型」のホスピタリティの声掛け運動が推進されている。狭い店内・職場内とは異なり、広く公共の駅構内などの雑踏では、見知らぬヒトばかりで、相手が何で困っているか判らないゆえ、有言実行型の声掛け運動が適切なことは明らかだ。今や、訪日外国人などの不特定多数の人びとで溢れている公共の場では、日本型の暗黙知の不言実行型のおもてなしよりも、マニュアルに基づくホスピタリティの有言実行型がより勘違いも少なく、適切な対応ができることも間違いないことだ。

9　ホスピタリティの逆はどんな目線か

(1)　ホスピタリティとホスティリティの違い

❶　ホスピタリティ

ホスピタリティ（hospitality）は「おもてなし、歓待」を意味し、ホスト（host）に通じる。もてなすホストとおもてなしされるゲストの双方はWin-Winの目線となる。

❷　ホスティリティ

このホスピタリティに対し、ホスティリティ（hostility）とはラテン語の「hostem」（軍隊）を語源とする。その形容詞が「hostile」（敵対的）である。ホスティリティの類似の用語として人質（hostage）、また、敵意・悪意という憎しみ（hate）がある。それらはWin-Loseの目線であり、非好意的・敵対的な上から目線の行為となる。

(2) 最愛対敵対は表裏一体か

手厚く歓待する最愛のホスピタリティと憎しみの敵対的なホスティリティとは表裏一体の関係にある。男女の関係は愛多ければ憎しみ多しとなる。大好きが逆転すれば、大嫌いとなる。それは、「覆水盆に返らず」の状況となりがちだ。しかし、さらに、この憎しみ以上に、深刻な状況とは何であろうか。

(3) 好意的な最愛の逆は何か

マザー・テレサ（Mother Teresa,1910～1997）が述べたとされている名言（異説も在り）に、「愛の反対は憎しみではなく無関心」（The opposite of love is not hate, it's indifference.）がある。現代人は好きか、嫌いかよりも、何事にも、関心を示さない人びとが多い。このような無関心な人びとは単なる傍観者的な態度をとり、相手を見もしないし、目も合わせない。それでは相手の反応が読めず、摑めず、その対応に苦慮する。無関心な人びとはクレーマー以上に、やっかいであり、心あふれるホスピタリティを提供したくとも、目線が定まらず、悲しいかな適切な対応ができない。

10「江戸しぐさ」はWin-Winの目線か

(1) 士農工商の身分社会

特定非営利活動法人・江戸しぐさでは「江戸商人のリーダーたちが築き上げた、上に立つ者の行動哲学」と称し、江戸しぐさの振興を行っている。

当時、世界でも最大級の大都市であった江戸は、武士社会に対し、商人が生活するために、江戸しぐさが成立したのではないか。この場合、江戸しぐさの行動哲学は上に立つ者となっているが、むしろ商人は社会的に身分が低い。江戸時代は上から目線の武士に対し、身分の低い商人らは武士と共存せねばならなかった。商人らは大名行列を横切る行為などが許されなかった。そのため、上から目線の武士が「無礼・不法」とみなせば、商人らを切捨御免ができる時代だ。

(2)「江戸しぐさ」はLose-Winの目線

江戸時代、上から目線の武士に対し、商人は難を逃れるために、身体、刀や傘などが武士に接触しない立居振舞いを工夫しただろう。商人は自身を守り、商売繁栄の知恵として「江戸しぐさ」という行動哲学が必要であったかもしれない。士農工商の身分社会、武士と商人とは同等ではなく、「商人しぐさ」（繁盛しぐさ）は元来、社会的に上に立つ商人の行動哲学ではなく、武士に対し、身分の低い商人が生きる知恵として Lose-Win の下から目線の行動哲学といえる。

明治時代、近代国家の成立で「上下の目線」となる身分制度が廃止され、同じ目線に基づく四民平等な社会政策へと転換した。

(3) おもてなしは Win-Win の目線

江戸しぐさは元来、Lose-Win の武士と商人との上下関係が前提である。それは身分的に下の商人の行動哲学であった。その行為自体は恥じるべき封建社会の産物にすぎないことであり、現代人がそれをお手本とするべきではない。

江戸しぐさは、近年、勝手に、双方対等な Win-Win と捏造され、上に立つ者の行動哲学と美化している。それはホスピタリティや日本の誇り得る茶道のおもてなしの精神、いわゆる、賓主歴然のおもてなしの Win-Win の同じ目線とは、明らかに異なることを認識せねばならない。

11 「守破離の思想」のサイクルの目線

(1) 茶道の守破離の思想

日本では、伝統芸能・武道の精神的な支柱として「守破離《しゅはり》の思想」が伝承されてきた。

千利休（一五二二〜一五九一年）の茶の湯の心得を和歌にした利休百首の中の一つに「規矩《きく》作

法守りつくして破るとも、離るるとても本《もと》を忘るな」と「守破離の思想」が説かれている。これは、人間は未完な存在ゆえ、「初心を忘れず」、永遠に心とワザを磨くという思想である。

❶「守」（基礎：楷書）

最初は、基礎能力を培うために基本の反復学習を重ね、基本のワザを身につける。

❷「破」（応用：行書）

基本のワザを会得したならば、それを破り、先天的な個性を加えて独自色を出す。

❸「離」（離れワザ：草書）

さらに、自己流の離れワザを考案し、より高い次元へと進化・深化して自分の個性のやり方で独自性を高める。

❹「守」（リカレント：楷書）

しかし、「離れる」とも再度、「守り」へ戻り、繰り返し深化を重ねる。

この守破離の思想は本来、「守」は下手、「破」は上手、「離」は名人・達人という時間的な成長を意味していない。この思想は、螺旋《らせん》的に深層方向へと掘り下げ続ける考え方である。つまり、時間的な長短で「離」という目標が達成でき、完了することを決して示唆していない。

(2) 学校教育目標との違い

学校教育では入学から、どの科目や単位数をどの程度、学習・修得すると、一定期間で卒業時期を迎えるという教育目標が設定されている。しかし、武芸道では、一度、入門すれば、「守破離の思想」で自己啓発を続け、生涯にわたり独自のワザ・心を追い求め、人間は永遠に未完なるがゆえに、修了・卒業に至るという到達段階は存在しないという考え方だ。

(3) 企業のおもてなしのサイクル

この守破離の思想は現代ビジネスの経営理念にも反映され、自己や組織の態様を再考し続け、進化・深化させる行為にも適用される。現代ビジネスでは、創業者や先輩が長年、経験的に築き、組織として共有した先天的な知識・技術を「守る」だけではなく、そのスキルを修正し「破り」、現代風の「離れ」を切り開き、より新しく高い次元のイノベーションを目標とする。しかし再度、基礎となる「守」に立ち返って挑戦を繰り返すのだ。

12 山本五十六のヒトの成長を促す目線

(1) 山本五十六の名言

一九四一年十二月七日午前七時五五分（日本時間・八日未明）、ハワイ諸島のオアフ島で、日本軍の電信の暗号略号は「ト・ト・ト・トの連送」（全軍、突撃セヨ）で米国の戦艦群と飛行場を奇襲攻撃した。その後、旗艦赤城に宛てて、「トラ・トラ・トラの連送」（ワレ奇襲ニ成功セリ）を発信したことは有名な話だ。この真珠湾攻撃、ミッドウェー海戦などの総指揮官が山本五十六

（一八八四〜一九四三年）であった。山本五十六の名言は終戦後、警察予備隊、陸上自衛隊の前身の保安隊、今日でも、自衛隊の教育方針ともなっている。さらに、それはビジネス経営の経営者やリーダーへの格言としても名高い。

(2) 山本五十六の名言と守破離の思想

この山本五十六の名言は守破離の思想の三つに区分できる。

❶ 守（褒める）

「やってみせ、言って聞かせて、させてみせ、褒めてやらねば、人は動かじ」（実際にやってみせる。やり方を言って聞かせて、褒める。）まさに、初期段階の守の人材には育むためにも Win-Win で適宜に褒めることだ。

❷ 破（認める）

「話し合い、耳を傾け、承認し、任せてやらねば、人は育たず」（話し合って、相手の言葉に耳を傾け、相手を認めて、仕事を任せることによって人を育てる。）これは破の段階の指導方法、つまり、Win-Win の目線で相手の話を傾聴し、認めることによって、人材が育つ。

❸ 離（信頼する）

「やっている、姿を感謝で見守って、信頼せねば、人は実らず」（やっている姿を感謝で見守って、信頼する。）これは離の対応である。やはり、Win-Win の目線で見守って、感謝・信頼する段階である。

(3) 守破離の思想は人材育成の秘訣

山本五十六は、ヒトの成長を促す秘訣の目線について「守破離の思想」を適用し、名言を残した。特に、経営者やリーダーが社員スタッフを実らせる心掛けとしては「守：褒める」「破：認める」「離：信頼する」という指導方針の違いを示唆しており、現代ビジネスに応用できる。

13 中国人の電車内での老人への目線

(1) 整列乗車のマナー

筆者は二〇〇八年の北京オリンピック開催の前年に、約半年間、北京に滞在し中国観光を調査していた。北京では大規模な箱モノの開発がなされていた。しかも、多くの市民らは交通信号をあまり守らなかった。また、路上では、タン・つばの吐き捨てが見られ、市民のマナーの悪さに驚かされた。

地下鉄のホームでは車両が入ると我先にドアの前へと人びとが割って入る。もはや日本的な整列乗車は微塵もない。並ぶとは前の人の後ろに並ぶことではなく、いかにして前へと割り込むかだ。

(2) 地下鉄の座席取り合戦

地下鉄のドアが開くと我先にと座席取り合戦が始まる。座席を取れば、歓喜の大声を上げ、いかにも競争ゲームのWin-Loseの勝ち組かの目線だ。この光景はまさに子供の頃、遊んだ「椅子取りゲーム」を思い出させた。

東京の都心への通勤時間は一時間以上が常識だが、その間を立つか、座るかで疲労度に格差が生じ、是非とも、座りたい。しかし、北京の多くの人びとの都心までの地下鉄の通勤時間は二〇分程度にもかかわらず、ラッシュ時には、この激しいWin-Loseとなる座席取り合戦となる。

(3) 儒教の敬老のWin-Winの目線を

この座席取り合戦の状況に対し、中国の若者には感動した面もあった。中国人には整列乗車のマナーが欠如しているが、車内でつり革にもたれる老人がいると、あの歓喜の大声を上げ、Winを鼻高にし、ハシャイでいた若者でも、いとも簡単にWin-Winの目線で老人に席を譲ろうとする。中国では年寄りを尊敬する儒教精神のおもてなしの心が若者に浸透している。日本で座席を譲られた経験が少ない筆者、時々、若者から座席を譲られ、この老人扱いのWin-Winの目線を素直に受けて良いか迷ったものだ。

⑷　日本人よ、おもてなしを実践せよ

訪日中国人が異国の日本の電車内でも、最近、日本人の年寄りに対し、席譲りを実践している光景を垣間見る。それに対し、先取りの縄張りの座席と勘違いしてか、例え老人がつり革で立っていても、優先席では居眠りを決め込む日本人の若者多し。日本人よ、おもてなしの心では中国人に劣るなどと揶揄されることなく、是非、敬老の精神を発揮し、Win-Win の気持ちで座席を譲るお手本を示すことを決して忘れてはいけない。

Ⅲ　ビジネス業界の接客現場

1　水商売の接客は方円の器なり

飲食業界などを水商売というが、その由来には次のような諸説がある。

(1)　水際で興行していた役者

京都四條南座（有形文化財）では例年十一月末から年末にかけ、歌舞伎役者の「顔見世興行」が行われるが、現在、耐震改築工事のために休館中（二〇一八年十一月開館予定）だ。昔、鴨川の河原の南座などの役者らは、「河原乞食」、「河原もん」と称され、被差別職業であった。そこで、水商売とは鴨川の水に近い場所・南座や興行する役者らに由来した。

(2)　水を扱う

料亭・喫茶・バー・スナックなどは水そのものを扱い、水を商品として販売するからだ。つまり、それはウォーター・ビジネスとなる。

(3)　収入が不安定な商売

水商売は人気商売で、収入が不安定・不確定なビジネスだという。一般に、先の見通しが立ちにくく、世間の人気や嗜好に左右され、収入が不安定な業種や職業及び働くヒトを意味する。この業界には、飲食店、風俗店をはじめ、相撲や芸能界などの興行も水商売に含まれる。

(4)　水は上流から下流へ流れる

水は本来、高き川上から低き川下へと流れる。つまり、水の流れのごとく、お客は上から目線でお金を使い、商人は下から目線で下流に控えているさまを意味する。水商売とは、Ⅱの10で述べた江戸しぐさの武士と商人の上下関係と類似する。この上下関係から下で商人が恩恵に浴することを意味する。しかし、お客は上から目線で、もてなす側は下から目線のLose-Winの関係では、なぜか釈然としないのは筆者だけではなかろう。

(5)　水は方円の器に随う

方とは四角で角張っており、円とは円形で丸い器である。液体である水は角張った器でも、丸い器でも同じようにおさまるように、客商売はお客に逆らわず、その時々の状況に順応せねばならない。水は自らの形を変えるが、しかし、いざという時には、岩石をも打ち砕くほどの強いエネルギーを内に秘めている。

水商売では、先回り、先読みした最適な気づきでお客の欲求を適確に充足することが大切である。(5)の方円の器説がおもてなし（ホスピタリティ）の趣旨に合致している。それは十人十色のお客に対し、賓（客）と主（亭主）の区別は歴然とあるという賓主歴然な立場となる。客商売といえども、その立場はWin-Winの関係が基本であらねばならない。

2　おもてなしの質の競争時代

(1)　人間関係が希薄化した現代社会

現代ビジネスは人件費を削減させるために「ムダ・ムラ・ムリなく」というダラリの法則を徹底し、機械化、自動化、マニュアル化を実施してきた。それゆえ、産業界では人間性を軽視し、いつでも、どこでも、誰でも同じく画一化を進め、専ら効率性・合理性が優先された。それは無人の工場で働くロボットや各種の自動販売機が普及した。このために、おもてなしする側(売り手)とおもてなしされる側（買い手）との間には、本来、介在していたヒト対ヒトの心温まる人間関係が希薄になってしまった。

その結果、人的な出会い・触れ合いが遮断され、人間性の喪失が起こった。さらに、人間さえも、モノ扱いする社会となってしまった。

これに対する反動・覚醒もあり、二一世紀はおもてなし（ホスピタリティ）ビジネスが歓迎される時代となっている。そのため、同業他社との競争には商品の機能や品質・価格プラス心地好さ、快適さが求められる。特に、お客と対面するスタッフの付加価値の高いおもてなしの差別化が競争上の優位性を発揮するようになった。

⑵　価格競争から非価格競争の現代社会

あえて二〇世紀と二一世紀とを対比すれば、ビジネス競争では、次のような差が起きている。

①　二〇世紀の価格競争の消費の価値⇒商品の品質 ÷ 価格。

②　二一世紀の非価格競争の消費の価値⇒(商品の品質＋ブランド力＋おもてなしの質)÷価格。

二〇世紀の価格競争に対し、二一世紀の成熟社会の非価格競争時代では、ブランド力プラスおもてなしの気づきによる質の差別化が競争を優位にする時代である。

⑶　おもてなしの気づきの差別化の有効性

同じ品質の商品を販売する場合でも、おもてなしの良し悪しがヒトの心を動かし、売上げに格差が生じる。とりわけ、お客が心を動かし、満足するのはもてなす側の「先回り・先読み」による「臨機応変、機転をいかす」、さらに、「気づき、気配り、気づかい」が大切となる。

ビジネス業界では、目に見える商品価値プラス目に見えない価値「ブランド・極上のおもてなし」という無形で人的な振舞いが重要となる。特に、②の後者ではおもてなしの質の差別化によるコストパフォーマンス（費用対効果）こそが競争の優位性を発揮する最良の戦略であることは明白である。

表III－1　ホスピタリティ・ビジネスの業種別領域

最狭義	宿泊（マクラ）・料飲食（アゴ）ビジネス
狭　義	観光ビジネス〔旅行・交通（アシ）・宿泊（マクラ）・料飲（アゴ）・余暇〕・関連ビジネス
広　義	観光・医療・健康・都市行政・教育事業・関連ビジネス
最広義	ホスピタリティ精神をもって対応できる全ての事業分野

出典：山上徹『ホスピタリティ精神の深化』
法律文化社、2008年、45頁参照作成。

3　「農場・漁場から食卓まで」のビジネス

(1)　無形な業種区分の規定

表III－1のようにホスピタリティ・ビジネスは、無形な立居振舞いに限定した縦割りの業種区分ができる。拙著『ホスピタリティ精神の深化』（法律文化社）で、ホスピタリティ・ビジネスとは広義な視点から規定し、Win-Winの同じ目線となるヒト対ヒトのビジネスに限定した。というのは、最狭義、狭義、広義の分野では自動化・ロボット化・コンピュータ化が進み、ヒトが排除され、自動化がまん延している。それゆえ、ホスピタリティ・ビジネスとは広義の人間重視型のみの業種に限定して捉えたのであった。

(2)　最広義のホスピタリティ・ビジネスとは

最広義のホスピタリティ・ビジネスの業種区分では、人間自体が地球の一構成員にすぎず、地球との共生・共存す

表Ⅲ－2　食のおもてなしビジネスの範域

業種区分	第一次産業群	第二次産業群	第三次産業群	
対　象	モノ	モノ	コト	ヒト
	農水産物	加工	マーケティング	料理人・接客スタッフ
ビジネス	農林水産業	食品製造業	卸売・小売の食品関連販売業	
	アグリビジネス	農水産加工業	料理・飲食・外食・中食（アゴ）	

出典：山上徹『食ビジネスのおもてなし学』学文社、2015年、48頁参照作成。

る上で「環境にやさしい」、「地球にやさしい」持続可能な発展（sustainable development）に貢献するすべてのビジネス領域へと広げたい。特に、食のおもてなしビジネスは第一次産業群から「環境にやさしい」という最広義な第三次産業群までの領域が一部含まれると考える。

(3)　食のおもてなしビジネスは「農場・漁場から食卓まで」

食のおもてなしビジネスは、表Ⅲ－2の産業の業種区分のすべてで、広範なビジネス領域となる。つまり、このビジネスでは有形・無形の双方がかかわるので、第一次産業から第三次産業を含め、「人間重視型」か否かという横割りの業態区分で捉えたい。「人間重視型」ビジネスとは、有形（ハード）の農場・漁場の食材、それを加工した料理品の数々、また、無形（ソフト）の独自の料理法・ワザ、さらに、ヒューマンな料理人、接客する人びとが介在する。食のおもてなしビジネスとは第一次、第二次、第三次産業という「農場・漁場から食卓まで」の食ビジネス領域すべてを対象とする。

4　食のおもてなしビジネスのフードチェーン

(1)　食のおもてなしビジネスの範域

表Ⅲ－2のように現代の食のおもてなしビジネスには食材を供給する国内外の生産現場(農場・漁場)をはじめ、輸出入、加工、流通、消費に至る間に多様なビジネスが介在する。食のおもてなしビジネスの範域は、最狭義、狭義及び広義からの三つに分類できる。

❶　最狭義（第二次産業）

食材の付加価値を加工することで価値を付加する第二次産業を中心とした食品製造業。

❷　狭義（第二次～第三次産業）

農林水産物の収穫以降から食材などが調達・生産・流通・販売される段階の全領域。

❸　広義（第一次～第三次産業）

第一次産業の農林水産業の生産プロセスを含め、最終の第三次産業の消費段階までの全領域。つまり、「農場・漁場から食卓まで」の全ビジネス(廃棄プロセスをも含む)を包含した領域をいう。とりわけ、食にかかわる有形・無形で高質なおもてなし活動にかかわる営利・非営利なすべてのビジネスが対象となる。

(2)「農場・漁場から食卓まで」のフードチェーン

食のおもてなしビジネスにおけるフードチェーンとは生態学のリンケージに相当する。川の流れに例え、上流の川上ビジネスの農林水産業者で生産された農林水産品が、川中ビジネスの食品製造業者によって加工される。その食品が、川下ビジネスのスーパーなどの食品小売業者や外食業者のファミリー・レストランなどで調理され、その後、料理として最終消費者の口へと到達する連鎖現象がある。食のおもてなしビジネスの食材・食品の流れとは「農場・漁場から食卓まで」の一連のトータルなリンケージで捉えるべきだ。

5　食の外部化と廃棄ロス

(1)　食の外部化

日本人は、従来、外食をすることは非日常的なハレ（祭）の行事の日のみであった。しかし、近年、女性の社会進出や単身世帯の増加、高齢化の進行、生活スタイルの多様化などの理由で、家庭内で料理せず、食の外部化が一般化している。食の外部化とはレストラン、旅館などでイート・インする外食をはじめ、スーパー、コンビニなどで食品や惣菜、弁当類を購入するテーク・アウトな中食も含む。今や食の多くは自前で料理することもなく、食品業者に委ねた調理済み食品を食する時代となった。

⑵　観光客の食の爆喰い効果

非日常生活圏へと出かける観光の場合、当然、食を外部で摂る。外国からの観光客の場合、食の外部化が必然的である。滞在中に、一日三食の旺盛な爆喰いがある。訪日外国人の食の経済効果は計り知れない。

⑶　日本の食の廃棄ロス

食の外部化の浸透で、今日、食品加工段階の原材料の廃棄、流通段階の賞味期限・消費期限が切れた売れ残り、さらに、飲食店などでは食べ残しの廃棄ロスが大量に出ている。

⑷　**カネと食料は無限ではない**

近年、世界人口の増加が著しい状況下、日本では無駄な廃棄ロスがいつまでも続けられるか。後発開発途上国の人びとはどんなに食べ物を渇望しても、飢餓に苦しみ続けている。一方、日本へは過剰な食料が押し寄せ、多量の廃棄ロスを出し続けている。しかし、カネと食料は無限ではなく、いつ途絶えるか判らない脆さを日本人自身は、断じて忘れるべきではない。

6　食べる空間は排泄と同じか

(1)　食の領域はトイレまでも

現代人の日常生活は、冷暖房が完備し、台所・浴槽も快適、特に、水洗・ウォシュレットのトイレの快適な時代だ。食する行為には排泄が必然的に伴う。今日、上水道の使用量に対し、下水も同量の使用量があったと見なし、一定の料金を課す。それゆえ、食のおもてなし観光では、出入り口双方を考えると、「農場・漁場から食卓まではなく、さらに、トイレまで」と考える必要性があるということだ。

(2)　トイレ空間の快適度

食事環境は食材、料理がおいしいだけでは不十分である。食の安全・安心、食事空間の快適さは当然、排泄のトイレ空間では温水洗浄機付き便座、消臭・清掃の徹底、特に、見た目の清潔な空間であるか否かが問われる。今や飲食店ではお客を誘引する大きなパワーとして清潔なトイレの店舗であるか否かが大切だ。

最近、女子会がお店を選ぶ基準としてトイレの快適度を重視する。それは用を足す快適な空間だけではなく、食事の前後に化粧が快適に整えられる空間の店舗であるか否かが選択基準ともなる。

(3) 食と排泄空間の同一化

現代人のトイレ空間の快適度は高く、テーマパークの多くのトイレは赤ちゃんがハイハイしても、汚さを感じない程になった。それゆえ、現代の若者の中には、トイレが気楽にすごせる個室空間で居心地が良い。そこで、自由に個食を楽しむという便所飯を摂る人びとが多くなっているとか。それは、本末転倒のトイレの活用法ではないか。トイレ空間が人間の食の出入り口直結型と一体化して良いものだろうか。

7 ビジネス・チャンスとクレーマー

(1) クレームはビジネス・チャンス

グッドマンの法則によれば、お客からのクレームに対し、速やかに対応すると、ビジネス・チャンスになるという。クレーマーは厄介者と考えるのではなく、自らの欠点を改善する手がかりの情報提供者だと捉える。そのクレームに対し、誠心誠意をもって対応し、適切に改善すれば、お客はその後も、リピーターとなり、ビジネス・チャンスとなる。

⑵　悪質なクレームの横行

最近のクレームの多くは自分の正当性を一方的に主張するために、クレーマーの態度が横暴化している。都合の悪いことは目に入らない、専ら店側に非があることを主張し、謝らせた上で、金品や理不尽な要求をする。たとえば、大声で叫び、マスコミなどへ知らせ表沙汰にするぞと脅し、また、土下座などを強要する。悪質クレーマーの狙いは、一般的に、お金を出すという解決策を店側から提案させることにある。

⑶　なりふり構わない儲け主義が根本

接客現場でクレーマーが多くなった背景は格差社会のため、現代人はストレスやコンプレックスが蓄積しており、「上から目線」になるという指摘もある。しかし、サービス産業に共通し、店側の日頃の「下から目線」の接客態度に問題はないであろうか。

それは日本企業のなりふり構わない儲け主義に根本原因が存在しないか。売上げを伸ばしたいために、お客を王様・神様に仕立て、店側は専ら「下から目線」で接客するところに本質的な問題がある。お客は王様・神様扱いに慣れ、当然、「上から目線」でクレームの矛先を店側に振り向け、我こそは正義だと、店側の社会的責任などを声高に主張する。

たしかに、自己主張は悪いことではない。しかし、悪質クレーマーが横行しすぎる昨今。そこで、店側は悪質クレーマーの狙いと手口、その対処法を日頃から学習し、マニュアルを社員・スタッフが事前に共有する対応策が働き方改革を推進する上で必要不可欠だ。

8　やる気の向上はチップ制で

(1)　チップの語意

チップ（ＴＩＰ）の語意は、迅速なサービスを保証する（to insure promptness）ことに由来する。一八世紀の英国のパブで速さを売りにチップ制が始まったという。しかし、現代のお客は、単に時間短縮を保証するだけでチップを払おうとはしないだろう。

(2)　チップは労働の対価か

欧米では、チップを労働の対価とし、給与の一部と捉えている。有能なスタッフらは賃金が低くても、別にチップ収入が多くあるため、あまり不満ではない。

一方、日本の飲食・宿泊業（アゴ・マクラ）では一般に、チップ制ではなく、料金に一律にサービス料を上乗せして請求する。そのため、チップをもらうことは、サービス料との二重取りとも批判できる。しかも、固定給や時給制ではいい加減な接客サービスでも同じ給与であり、当然、悪平等感が残る。また、チップを受け取る職種もあれば、頑《かたく》なに断る店舗もあり、そのあいまいさが気になる。

⑶　国際ルールのチップ制の導入

現代人は、量的に時間が迅速なだけでは満足せず、むしろ、先回りの質の高いおもてなしに感動する。訪日外国人の中にはその丁重なおもてなしに感激し、その感謝の気持ちをチップで表したい人びとも多い。しかし、国際ルールでもあるチップ制を日本へ導入するには、未だ賛否両論がある。

⑷　チップ制はやる気の向上

飲食・宿泊業のスタッフは離職率も高く、総じて、プロ意識が希薄である。そこで、チップ制はスタッフらのやる気の向上、活気ある職場づくりという視点からも容認できる。日本でも是非、チップ制の導入を検討するべき時期の到来であるかもしれない。

9　「従業員」よりも「社員」の呼称を

⑴　従業員とは下から目線の従者か

観光ビジネスでは職場で働く人びとを一般に、「従業員」(employee) と称する。この呼び名をホスピタリティの視点から考えると、正しい呼称といえるであろうか。

業務に従事する従業員という用語は、日本的経営における経営者（主人）あるいは時にお客に対し、従者（従事）という「上から下へ」の目線を意味する。それゆえ、従業員は上下関係・主従関係を前提とした用語といえる。従業員という用語はビジネス組織の経営者（上位職）あるいは時にお客に対し、従者として奉仕（滅私奉公《めっしほうこう》）するという上下となる力関係が見え隠れする用語だ。これが市民権を得ているのは可笑しい。

(2) 従業員の名称を使う職場で良いか

❶ ザ・リッツカールトンホテルの呼び名

ホスピタリティを売り物とするザ・リッツカールトンホテル（The Ritz-Carlton Hotel）ではあるが、企業理念を現場まで浸透するように文書カード「クレド」(credo) には「従業員との約束」(employee promise) という表記を使っている。それは Employee を従業員と直訳したからだ。しかし、それは、下から目線の従者の意味を含むゆえ、従業員とは日本の悪しき差別的な用語といえないか。Win-Win を標榜するザ・リッツカールトンホテルとしてはあまりにも無神経な直訳による用語使用といえないだろうか。

❷ 東京ディズニーランドの呼び名

一方、東京ディズニーランドでは従業員とは称さず、むしろゲスト（guest: 来園者）に対し、すべてのスタッフ（アルバイトなどを含め）をキャスト（cast：出演者）として一人一役を与えられ、相互に夢のあるステージを日々完成させる。ディズニーでは従業員という主従関係を意味する呼び方を避け、キャスト（ＵＳＪではクルー）という対等なWin-Winの目線となる用語を使っている。

⑶　職場環境の向上には呼び名の改称を

おもてなしビジネスを担う人びとは経営者をはじめ、お客とは対等・相互主義に基づくWin-Winな関係が前提となる職場環境を創造するべきだ。Lose-Winの上下関係を連想させる差別的な「従業員」という用語に対し、むしろ、対等な社員あるいはスタッフなどがより適切である。おもてなしビジネスでは、魅力的な職場環境の向上を目指すためにも、働き方改革としてまず、現場で働く人びとの呼び名から改善する必要性に気づくべきだ。

10　「一見さんお断り」は常連客優遇策

⑴　京都の花街の商法

京都の花街の敷居の高さの例として「一見さんお断り」がある。お店では紹介者がいないと初めてのお客は入店できない。この一見さんお断りは現代風にいえば、会員制の店舗だ。その背景には京都の常連の旦那衆が創り上げた贅沢なおもてなしに基づく。

店側は大切なお客へ十分なおもてなしをするためには、一見さんでは、お客が何を考え、何を求めているか、その好みが判らず、十分なおもてなしができないという。しかし、接客のプロを自負する花街の女将であれば、一見さんであろうとも、先読みできるはずだ。一見さんお断りのいいわけには、むしろ、詭弁《きべん》を感じて仕方ない面もある。

(2) 常連客は取引慣行のケジメ

お茶屋の取引慣行は常連客に長期掛け払いのツケが原則である。店側のホンネは、一見の客ではマナーを守り、きちんと代金を支払うか否か判らない不安がある。身元のわからない一見さんではトラブルの元になり、債務不履行の防止のため、常連客の紹介を必要とする。

また、常連客は、紹介した新規の客を保証する義務もある。紹介したお客が代金を支払わないと、トラブルの責任を取らせ、その代金の肩代わり、挙句には、出入り禁止にもなり得る。

(3) 一見さんお断りは女将の選択肢時代

一定数の常連客が、つねに確保できれば、店の経営は安泰だ。しかし、常連客のみではお客の絶対数が少ない場合も多々ある。近年、大金持ちの常連客の一定枠数の確保が難い時代である。

京都の花街では、最近、常連客のみを優先すべきか、一見さんも大歓迎するかの選択肢の板挟みにある店舗が多い。一応、タテマエは一見さんお断りとはいえ、生き残り稼がねばならなくて、一見さんでもウエルカムする店舗もあり、是非、チャレンジするべきである。

11　去り際のラスト・シーンの価値

⑴　ピーク・エンドの記憶

心理学者のダニエル・カーネマン（Daniel Kahneman: 1934～）が提唱したピーク・エンドの法則は、脳裏に残るヒトの記憶とは、「最高のシーン」と「ラスト・シーン」の二回だという。たとえば、映画などでも、人びとの記憶に残るシーンとは、「最高の見せ場のシーン」プラス「ラスト・シーン」にすぎないことからも理解できる。

⑵　宿泊業のエンドの大切さ

観光の場合、宿泊日数や観光対象を見るシーンがいかに多くあろうとも、「最高のシーン」が、まず、人びとの脳裏に残る。次に、帰り際に強烈な何かがあると記憶することになる。

従来、ホテル・旅館などでは前夜の宴会をピークに設定してきた。そして、その帰り際の最後の朝食は、味噌汁、干物、海苔、生卵などの日常的な「ケ」の食事を提供していた。

しかし、近年、業界は激しい競争市場でもあり、ピークの宴会のシーンだけでは不十分で他社との差別化戦略をする上で、チェック・アウトの直前が注目されている。

(3) 去り際がポイント

最近、多くの宿泊業では宿泊客が目覚めチェック・アウトまでの慌ただしい時間だが、最後の朝食をゆったりした気持で味わえるように豊富で豪華なバイキング方式やコース仕立てでおもてなしをする。また、丁重な心遣いのお見送り、いわゆる掉尾《ちょうび》を飾るおもてなしが実施されている。まさにピーク・エンドの法則が実践されている。特に、「去り際」が改善されるとお客の評価が好意的になり、旅全体の価値を高めるポイントになる。

このようなお客はリピーターとなり、さらに、口コミにて新たなお客とも同行することは間違いないだろう。

12 行列ができるラーメン店事情

(1) 日本三大ラーメンとは

ラーメンは中国の流れを当然、汲む。横浜中華街、神戸南京町《なんきん》、長崎新地中華街が日本三大中華街だ。その南京そばがラーメンへと進化した。現在、ラーメンはカレーライスと並ぶ日本人の国民食ともいえ、また、外国人ファンも多い。日本三大〇〇は相場で一、二番目は確定するが、三番目はヒトにより、地域により異なる場合が多い。そこで、日本三大ラーメンといえば、まず、札幌ラーメン。それはラーメン＝醤油という概念を打ち破り、最初に味噌ラーメン・ブームを巻き起こした。また、喜多方（福島県）ラーメンは極太平打ち麺に豚骨をベースとした澄んだスープに煮干しをブレンドした醤油ラーメン。さらに、博多ラーメンは白濁《はくだく》した豚骨スープだ。これら以外にも、ご当地ラーメンなどが多彩に混在し、国内外にチェーン店が氾濫している。

⑵ 行列のできるラーメンの手法

近年、行列のできるラーメン店が人びとの口コミで話題となる。行列の状況を垣間見ると、ヒトはヒトに感化される動物ゆえ、すぐに行列に並ばずとも、いつかは食べて見ようと記憶に留める。行列のできるラーメン店などでは、ネットのＳＮＳ（social networking service）でつながるソーシャルメディア（social media）時代のマーケティング技法として、次の手法が行われている。

❶ バズ・マーケティング

バズ（buzz）は花に群がる蜂のブンブンという羽の音である。その大合唱のように話題性を高めるために、著名人などがメディアなどを使い意図的に特定のラーメン店を紹介し、一瞬に口コミで広めるという手法である。

❷ バイラル・マーケティング

お客同士の「口コミ」を利用する手法で、口コミで友人仲間などへと、自己増殖するので、ウイルスの感染に似ることから、ウイルスの意味からの「バイラル」(viral) となった。これは商品やサービスを利用したユーザーが友人仲間などに紹介するように仕向けるインターネットを使ったプロモーション手法である。

3 ステルス・マーケティング

ステルス (stealth) は「隠密」「内緒」の意味だ。宣伝行為にもかかわらず、隠し、意図的に消費者へ売り込む手法で、略称は「ステマ」という。自店を人気店としたいがために行列の演出、たとえば、ラーメン店の場合、行列にアルバイトのサクラを紛れ込ませたり、麺の茹でるスピードを遅らせたりし、意図的に行列づくりがなされる。

(3) 行列のトリックを見破る眼力を

さらに、ステルス・マーケティングでは、インターネットに他者を装ったブログ、掲示板書き込みなどの「やらせ」の口コミ、架空の注文を行うなどする。それが結果的に、人為的にバイラルやバズ・マーケティングを引き起こす要因ともなる。しかし、これは、本質的に倫理性に反するサギ行為だ。

そのためか、ありきたりの味ながらも、行列する狭い店舗のラーメン店が多々ある。にわかラーメン通らは、このトリックを見破る眼力が不足のため、行列ファンになってしまう人びと多し。

13　カマスの学習能力と無力感な職場

(1)　カマスの学習能力とアクリル板

カマスは、サンマの親戚のような細長い魚、その特徴とは食欲旺盛で、どう猛で、非常に学習能力が高い。カマスは小魚の餌を水槽の中に入れると、食欲旺盛で勢い良く小魚へと突進する。

水槽をアクリル板の壁で挟み分けると、カマスは餌を取ろうと、アクリル板に激突を繰り返す。しかし、次第に学習して、アクリル板の手前で方向転換を試みるようになる。その後、アクリル板を取り外し、小魚が食べられる状況にもかかわらず、カマスは手前で方向転換を繰り返し、小魚を食べようとはしない。餌を食べないため、やせ細り無力状態になる。

(2)　新たなカマスを放すと蘇《よみがえ》る

これらカマスが、再び食欲旺盛に小魚を食べるようにするには、どのようにすれば良いであろうか。その解決策は、新たにカマスを一匹、水槽内に放つ。そのカマスは勢い良く小魚へ突進する。それに感化され、学習性無力感状態のカマス群も、同様に再び、小魚を食べることを学習し、元気に蘇ることになる。

(3) 学習性無力感な職場

例え優秀な新人であっても、なかなか職場の上司から自分の仕事の提案が認められないと、自分でアクリル板の壁を造り、次第に、何もしない現状維持型の職場で良いと決め、新規の提案を行おうとしなくなってしまう。しかし、このような学習性無力感状態の職場では期待する以上の満足をお客に提供できない。実際、読者の職場・事業体ではこのような無気力感状態に陥っていないだろうか。

(4) 学習性無力な学生へ異性を

女子学生だけが受講する大教室では、時に学習意欲が見られない学習性無力・虚脱状態の学生が多くなる。そこで、この講義に男子学生が加わると、異性の目線を意識しはじめ、突然、女性らしい振舞い。さらに、異常な程に、学習意欲が高まるというカマス現象が起こる可能性大である。その逆の男性だけの場合も当然なことである。

14　ＵＳＪは経営理念を見直し蘇る

(1)　集客には参加体験型が常識

二〇〇一年三月末に大阪ベイエリアにオープンしたユニバーサル・スタジオ・ジャパン（以下ＵＳＪ）は、ハリウッド映画のテーマパークとして開設された。また、ユニバーサルシティ駅からＵＳＪを結ぶ複合商業施設もオープンした。テーマパークは、「ヒトを呼んで、楽しんでもらうことで消費が、さらに、拡大する」というメカニズムが重要だ。

現代のテーマパークのニーズは、見ること（sightseeing）が主流では飽き易く、参加体験型となるDoingをいかに提供し続けるかが重要だ。そこで、オープン時は物珍しさからも人気があった。ＵＳＪはハリウッド映画のスリルと冒険の世界の体験を一方的に狙った。しかし、映画の世界を盛り上げる仕掛けジョーズ、ターミネーターなどは子供が怖がるキャラクターであった。

(2)　ＵＳＪは経営理念を見直し蘇る

ＵＳＪのハリウッド映画はアメリカ人ならノスタルジックを感じる。しかし、日本人にはそのような感覚を理解し難く、結果的に来訪者数は尻つぼみとなった。

その後、経営理念の大転換を図り、大規模なリニューアルが行われた。特に、ウィザーディング・ワールド・オブ・ハリー・ポッターのエリアが開設された。ＵＳＪの経営理念は「私たちは、ゲストの期待を上回る『感動とサービス』を提供するエンターテインメント＆レジャー業界におけるアジアのリーディングカンパニーを目指します」と変えたのである。

そこで、ゲストの期待以上の「感動とサービス」を提供するために、映画にこだわることを捨てて、ファミリー層獲得のために、子供が好きなハローキティ、スヌーピーなどを起用した。子供らが楽しめるエリア、ユニバーサル・ワンダーランドへと転換を断行し、蘇った。

⑶　顧客満足は継続的な追加投資で

今後とも、ＵＳＪには施設・企画のスクラップ・アンド・ビルドの臨機応変な改善が永遠の命題となる。特に、顧客満足度（ＣＳ）を高め続けるには、ゲスト（来園客）に対し、接客するクルー（ＴＤＬではキャスト）の心溢れる高いホスピタリティの質の確保が課題となる。また、ＵＳＪの顧客満足を高めるには、適切で適時の追加投資の継続が必要不可欠だ。とりわけ、お客目線のおもてなしの心を重視する経営理念の実践を決して忘れるべきではない。

15　カジノの開業はもろ刃の剣

(1)　統合型リゾート（IR）推進法の成立

二〇一六年十二月、カジノを中心とする統合型リゾート（IR）推進法が成立、カジノの法制度化が進む。しかし、すでに事実上、日本はギャンブル大国ともいえないか。たとえば、競馬、競輪や競艇の公営ギャンブルに加え、パチンコ・パチスロなどの賭け事が何不自由なく可能だ。

(2)　道楽とギャンブル依存症は両輪

昔から男の三大道楽を飲む（酒）、打つ（博打）、買う（セックス）というが、それぞれに依存症の害があった。この内でも、博打を打つ遊び人らは、いかさま賭博の罠にはまり、財産すべてを失い、地獄を見たヒトが多い。

一度、ギャンブルに味を占めたヒトは、濡れ手で粟の一攫千金《いっかくせんきん》が忘れられない。特に、ギャンブルは出たとこ勝負の「一か八か」の偶然性のワクワク感で一喜一憂《いっきいちゆう》。だから、カジノはギャンブル依存症者を増やすと、その解禁に多くのヒトは反対する。

(3) 自治体の統合型リゾートの開設への期待

日本のインバウンドの増加策には、「見る、買う（ショッピング）、食う、する」、特に、カジノなどの五覚に訴える非日常体験が可能な国となることが観光立国となるためにも必要である。カジノに前向きな自治体は統合型リゾートの開設に向け、インバウンド客の誘致や国際会議などのマイス（ＭＩＣＥ）の振興、さらに、カジノ税収入の皮算用で夢を膨らませる。

(4) カジノの開業は「もろ刃の剣」

近年、ビジネス業界の顧客戦略は新規客の開拓に多額の費用を投入するマーケティング戦略よりも、むしろ安上がりな熱烈なファンの常連客を優遇する戦略が行われている。しかし、もし熱烈ファンが多くなり、カジノ業が儲かれば、依存症や風紀の乱れなどが社会問題化するだろう。逆に、お客が少なく赤字では、無駄な投資との批判がなされる。ゆえに、カジノの開業は「もろ刃の剣」となる必然性があることを肝に銘じるべきである。

Ⅳ　食のおもてなしの原則と効能

1　料理人のおもてなしの原則

(1)　料理と調理の語意

料理と調理とは「料と調」という一語の違いにすぎないが、若干、意味合いが異なる。

❶ 料　理

料理は「はかり、おさめる」という語意である。料理は料理をつくるや料理するというように、これは食べ物をつくるにあたり、企画や予算を立てる段階、さらに、盛り付けをして食べる状態にするまでの間を包括する。調理そのものの作業やその行為自体さえも含む総称といえる。

❷ 調　理

調理は「物事を整え、おさめる」という意味がある。調理は料理をつくるための技術的な過程である。それは食材を安全に食べやすい状態に整え、加工する五法（煮る、焼く、蒸す、揚げる、生）を施す作業全般である。魚屋で魚をさばいた切り身そのものは食べる直前の料理の状態でなく調理済み食材（食品）で、調理となる。

(2)　料理と調理の差異

一般家庭で主婦などが魚をさばくと、料理となる。すでに調理されでき上がった食べ物は調理といわず、料理となる。飲食店でも、最終的にヒトが食べる直前の食べ物であれば、料理となる。飲食の店舗は「料理屋」や「料理店」とは呼ぶが、「調理屋」や「調理店」とはいわない。また、料理をつくる際に使う器具（食具）は、料理器具とはいわず、調理器具となる。

⑶　料理人とお客とはWin-Winが原則

だが、料理人（調理師）のおもてなしの原則は上からや下から目線ではなく、Win-Winの同じ目線でおもてなしすることが大切である。それゆえ、料理人はおもてなしの心とワザを磨くにあたり、淑女・紳士のお客（ゲスト）と同じ目線になれるように、料理人側（ホスト）も同様に、淑女・紳士であるべきゆえ、つねに、Win-Winの目線になれるように教養を高め、研鑽《けんさん》し続けることを決して忘れるべきではない。

2　おいしさは五土の要素が原則

⑴　人間の知覚価値とは

お客が料理のおいしさを評価するには、何を判断基準とするであろうか。まず、それは安全に食べられる消費期限やおいしく食べられる賞味期限内である食品を前提とする。その上で、食材・食具（土産）の最適な目利きをはじめ、専門的に適確な調理法のスキル（土法）が必要となる。

しかし、おいしさの基準は土産・土法のみではない。むしろ、お客が知覚する食事環境プラス値段への納得感という知覚価値である。

お客が「どうしてもその料理が食べたい」という場合、その客は価格（コスト）が高くても、パフォーマンス（その料理の価値）に見合っていれば食したいと考える。お客は価格が安くて料理の価値が高いならコストパフォーマンス（cost performance：CP）が高く（もしくは良く）なるという費用対効果（B/C）を意味する。お客のパフォーマンスを充たす知覚価値は原則上、土産・土法・土場・土時・土人という五土の要素から個別的な知覚で判断される。

⑵ お客の事前期待

お客の料理への事前期待とは、次のような食事環境の五土の要素を総合したものとなる。

❶ 土産（モノ）
食具・食材・料理などの品質の適否。

❷ 土場（モノ）
雰囲気や清潔感を含めた食事する空間場所の適否。

❸ 土法（コト）
調理法、食し方などのワザ（ソフト）の品質の適否。

❹ 土時（コト）

表Ⅳ-1　日本食の五つの原則のおもてなし

五法	生	焼く	煮る	蒸す	揚げる
五色	赤	青（緑）	黄	黒（茶・紫）	白
五味	甘味	酸味	苦味	塩味／鹹《かん》	辛味／うま味
五適	適温	適材	適量	適技	適心
五感（覚）	視覚	味覚	嗅覚	触覚	聴覚
五土	土産	土場	土時	土法	土人

出典：山上徹『食文化とおもてなし』
学文社、2012年、16〜18頁参照作成。

特別な行事の日（物日《ものび》・紋日《もんび》）、時期・旬の季節感などの適否。

❺　土人（ヒト）

料理人・接客人のおもてなしの心と立居振舞いの適否。

人びとは知覚価値を食事環境の総合力をもって価値判断する。その事前評価する知覚価値の満足度＝（❶＋❷＋❸＋❹＋❺）÷価格となる。この知覚価値に対し、お客は、満足できると予測すれば、食へのおもてなし観光の体験行動を決断する。

(3)　事後価値が期待以上

来店前のお客の期待と比較し、実際に食べた事後価値が期待以上に良ければ、お客の感動や満足度は高くなる。実際に食べた事後価値が事前期待より低いと、当然、お客は不満を感じる。

お客の五土の要素の食事環境の総合力の強みが、その後、リピーターや良い口コミ情報の発信につながる。結局、お客の五土の事後評価のコストパフォーマンスがお店の盛衰を決定づける重要なモノサシとなる。お客の事後評価が低く、不満が多ければ、基本的に、店仕舞いの宿命になること間違いなしだ。

3　日本の料理法の五つの原則

(1)　料理法の五つの評価原則

日本料理はご飯を中心にし、新鮮な魚介類、四季の豊かな野菜類を副食とし、調味料は味噌、醤油などを使い、料理することが特徴となる。

中国の陰陽五行説に基づき、日本の料理の評価を五つに区分できる。日本の料理の場合、表Ⅳ－1のように「五法・五色・五味・五適・五覚・五土」というこだわりの特徴が存在する。

味覚自体は舌や口の中（上あご、喉の奥など）にある味蕾《みらい》と呼ばれる味細胞の集合体が感知する。しかし、おいしさは、味蕾の味細胞の味覚のみでなく、「日本料理は目で味わう」というように視覚をも使い、さらに、嗅覚・触覚や聴覚という五感すべてを使う。そのため、味付け、最適な食べ方、色分け、盛り付け方でこだわりの料理ができ上がる。

(2)　うま味を五味に加えるか

一九〇八年、日本人の池田菊苗《きくなえ》（一八六四～一九三六年）は昆布のダシ汁に含まれているL-

グルタミン酸ナトリウムの「うま味」を発見し、「味の素」の名で一世を風靡《ふうび》した。とりわけ、和食には「水＋昆布＋鰹節」のダシ汁のうま味に特徴がある。うま味は、一般的に五味に対し、六味としてうま味を追加するか、または、辛味を省き、五味に入れることもある。

⑶　おいしい食事環境の五土の要素

日本料理は健康に良く、安全で、季節感あふれる旬の味で、そして、雰囲気も良く、価格も値ごろであれば、お客は満足することだろう。おいしい食事環境では、「土産（モノ）・土法（コト）」だけでなく、その土地固有の三つの要素、つまり、土場（モノ）、土時（コト）、さらに、料理人・接客の土人（ヒト）を追加した五土の要素の総合力から判断する。食する観光の楽しみは、この「モノ・コト・ヒト」による地元固有の五つの要素がキーワードとなる。

4　調味料は「サシスセソ」が原則

⑴　サシスセソとは

日本料理の味付けの基本の調味料は、砂糖の「サ」、塩の「シ」、酢「ス」、醤油（セウユ）の「セ」、味噌の「ソ」という語呂合わせで、この順番で味付けすると、おいしい料理ができるという秘訣だ。また、それに合わせてサシスセソの家事とは、裁縫、しつけ、炊事、洗濯、掃除がある。

(2) なぜサシスセソの順番か

では、なぜ、サシスセソの順番に入れると料理はおいしいのか。最初の砂糖の「サ」は、砂糖の分子が大きく浸透速度が遅いので、最初に入れる。もし先に塩を入れると浸透圧が高過ぎて素材の水分の煮汁を呼び出す。しかし、後から入れると砂糖と塩は染み込まないので、塩は砂糖の次に入れると良い。

酢をその次に入れるのは、多少加熱しても、刺激臭のある酸味は飛んでしまうので、料理状況に応じて塩よりも後に入れると良い。さらに、加熱が進んでから醤油を入れると、気化を抑え芳香成分が飛ぶことを防ぎ、うま味の元になるアミノ酸が生きる。味噌のたんぱく質は熱すると変化するので、最後にサッと煮立つ程度にとどめると良い。醤油、味噌は風味を楽しむために、調理の最後の終わる寸前に入れるのが日本食の調理のミソとなる。

(3) 人間の嗜好は多様なり

調味料のサシスセソの必然性について浸透圧という科学的用語を使って解説すると説得力が高まる。しかし、最初の砂糖（サ）自体は昔、高級であり、料理する際、日常的に果たして多く使われたであろうかと疑問を持つ。むしろ、現代人は多様な嗜好ゆえ、「サ」は砂糖でなくて、日本酒の「サ」ではないかと疑義を感じるのは、筆者が酒の好きな上戸《じょうご》であるゆえんかな。

5　調味料の味噌の原則

(1)　原料の麹・工程で異なる味噌

南北に長い日本列島の地形だが、味噌の種類は全国各地にあり、様々である。味噌は「白味噌・赤味噌」、さらに、複数の味噌を合わせた合わせ味噌がある。原料の麹《こうじ》は米・麦・豆で造り、米味噌・麦味噌・豆味噌となる。特に、豆麹は味噌を造る工程で大豆を蒸すと、アミノ酸が糖分と結びつき褐色に変色する。大豆のみから醸造される名古屋地区の八丁味噌は、大豆をベースに米味噌などを調合して造られる。赤味噌の赤褐色の色素は、大豆のたんぱく質と糖分で発生するメイラード反応に基づく。熟成するにつれてメイラード反応は進行するため、熟成期間が長いとその分の塩分濃度が高く褐色となる。名古屋地区では、色が濃い「赤だし」の八丁味噌を使った赤い味噌汁が定番だ。

(2)　白味噌と赤味噌の原則

関西の味噌は、白味噌を指す場合が多い。それは大豆を蒸すのではなく、茹でるとそのアミノ酸は湯に溶け、白くなる。白味噌の多くは、味噌汁や西京漬けに利用される。特に、京懐石では必要不可欠な味付けだ。

赤味噌と白味噌の色の違いは味噌の発酵中にメイラード反応が起こり、茹でると糖がお湯の中に流れ出るため、反応を抑え、白くなる。ちなみに、京都の公家社会の白味噌に対し、それ以外の地方の味噌は田舎味噌と呼んだ。

(3) 手前味噌の原則

手前味噌とは自家製の味噌を最高の味と自慢し合うように自分で自分を褒めることだ。これは自画自賛する場合に使われる。手味噌ともいうが、時々、「手前味噌で恐縮ですが」といった切り口で発言することになる。そこで、手前味噌ですが、本書をご一読賜れば、原則上、教養豊かな淑女・紳士になることは間違いないだろう。

6 「おあいそ」「あがり」は店側が原則

(1) 「おあいそ」は店側が原則

飲み屋や寿司屋などで、飲食を終え、勘定の清算をする際、「おあいそ」ということがマナーだと思っていないだろうか。しかし、それは必ずしも、正しい言い回しではないようだ。

おあいそは元来、店側からお客に対し、へりくだって催促する際の言葉であった。つまり、店側が食事代の支払いを促す際、しゃれて「お愛想尽かしですみません」に由来する。この愛想尽かしという表現が「おあいそ」に略された。おあいそは関西で、原則上、勘定を店側から請求する際、お客に対する慎ましい気配りの表現であった。

(2) 現代はお客から「おあいそ」

今日、お客が食事を済ませ、支払いをする際、おあいそというのが一般化している。お客がおあいそといえば、本来は、「もうこの店には愛想が尽きた。勘定の清算をしたい」となる。しかし、今日、例えお客がおあいそといっても、一般に、店側はそのような意味で解することはまずはない。

(3) 「あがり」も店側が原則

このおあいそは原則上、飲食業で使われていた業界用語、つまり、符牒《ふちょう》言語の類である。たとえば、醤油をむらさき、魚の材料をタネ・ネタ、お茶をあがりと呼ぶのと原則上、同類だ。おあいそに一脈通ずるあがりは「上り、終り」とも書く。昔、花街の遊女らはお客がいなく、ヒマだとお茶葉を挽《ひ》き、お客を待った。そのため、お茶という言葉を嫌った。そこで、最初に、お客に出すお茶を「出花」、最後に出すお茶を「上がり花」と称した。この「上がり花」が「あがり」となった。（諸説在り）それでは、読者皆様方には愛想つかされたくなく、本テーマをこれにてあがり一丁とする。

7 割り勘は長続きの原則か

(1) 大坂人の割り勘の発想

割り勘とは本来、参加者の同等割で、各自が消費した分だけを自分で払うことだ。それは、割り前勘定の略である。昔、祭や年中行事の際、飲み食いの費用と食材を持ち寄ったが、各々自分の分を出した各出という風習がある。割り勘は宵越しの金は持たぬ江戸っ子の気質からは考え難い。むしろ大坂商人は計算高く、他人の飲食代まで面倒を見るような無駄なことはしたくないことから割り勘が普及したのかもしれない。

(2) 割り勘とは頭割りか

現在、割り勘を頭割りだと勘違いしていないか。飲み代、皿盛りにした肴、料理代などの清算の際、同席者の頭数分で均等に配分することが割り勘と認識されている。

この割り勘と類似する兵隊勘定は複数で飲食をした際、代金を各自均等に負担した。兵隊勘定は日露戦争が開戦となる一九〇四(明治三十七)年頃に流行った。明日は戦場で生死も定かでなく、同じ兵隊同士、貸し借り無しに均等に負担するという考え方に基づいた。これでは大食漢と小食、酒の好きな上戸と飲めない下戸《げこ》との間に不平等さが確かに残る。

(3) 貸し借り無し割り勘が長続きの原則か

男女平等の考え方が一般化している現代社会のためか、初デートの飲食代などの勘定の折、全額を負担したくなくて、できれば割り勘にしたいと迷っている男性諸氏が多い。一方、大抵の女性は一応、財布に手を伸ばしてはいるが、支払う振りにすぎない躊躇はホンネの部分が見え隠れしていないか。しかし、平等な男女の間でもあり、Win-Win の長い付き合いを継続する上で貸し借り無し割り勘が二人の愛を育む原則となるか。それとも、ケチな男性とは、貸し借り無しでいつでも別れるように割り勘を好む場合もあろう。

8　塩のマグネット力の効能

(1) サラリーマンとは塩をもらうヒト

人間が生きて行くために塩分は、不可欠だ。古代ローマ時代、貴重なソルト（塩）は兵士や役人のサラリー（給料）となっていた。和製英語では給与（塩）をもらうヒトがサラリーマンだ。

近年、政府の働き方改革もあり、残業がなくなり、定時退社が多くなった。しかし、夕方は子供中心の家庭が多く、そこで、帰宅せずに、巷にさ迷うサラリーマン多し。それを皮肉り、サラリーマンならずフラリーマンと呼ぶとか。

(2) 日本では塩を神聖化

日本の神道で塩は、神聖なものとの考え方がある。たとえば、相撲では力士が怪我をしないように、また、塩の殺菌効果をも兼ねて清めの塩を仕切りでまく。この塩は邪気を祓って土俵を神聖にするためだ。

(3) 割烹店の盛り塩のお呪い

では、割烹《かっぽう》店などで夕方、お客が来る少し前、店先の打ち水や盛られた白い塩が目に付く。この塩は何のお呪《まじな》いか。昔、中国の皇帝には多くの女官（側室）がおり、夜毎、牛車に乗りそれぞれの屋敷を訪ねた。女官同士の競争が激しいので、ある女官は皇帝を我が家へ引き寄せたいと、牛は塩が好物ということをヒントにし、玄関先に塩を盛った。案の定、皇帝の牛車が屋敷前でピタリと止まり、この女官は塩のマグネット力で皇帝の寵愛を一人占めしたとか。（諸説在り）

今日、割烹店などにおいて嫌な客を追い出した後、その邪気を払うため、店先に清めの塩をまくこともある。しかし、店先に塩を盛る風習は、清めの塩というよりも、まさに不安定な水商売ゆえ、千客万来の願いを込め、招き猫ならぬ、招き塩のマグネット効能を狙うものだ。

⑷　観光ビジネスでも招き塩の強みを

競争の激しい観光ビジネス業界でも、招き塩のようなマグネット効能の強みを発揮するべきだ。塩（サラリー）の内でも、可処分所得の多いサラリーマンやＯＬ（女性）を中心に熱烈なファンが足しげく通うリピーターづくりが可能となれば、一人勝ちは決して夢ではない。

9　梅の花と梅干しの効能

⑴　梅の花

梅は中国原産のバラ科サクラ属に分類される落葉樹で、中国文化と共に薬木として奈良時代に日本へ伝来した。日本では花といえば、桜を思い出す。しかし、平安時代は万葉集に詠まれた花とは萩《はぎ》が約一四〇首、それに次ぐのが梅で約一二〇首、桜は約四〇首であるという。梅の花は「高潔・気品・優美・忍耐」を意味する。

⑵　学問の神様は梅

かつて（九〇一年）、菅原道真（八四五〜九〇三年）が大宰府《だざいふ》（福岡県）に左遷される際、庭の梅の花に別れを惜しみ「東風《こち》吹かば　にほひおこせよ梅の花　主なしとて　春な忘れそ」と詠んだ。現在、学問の神様である菅原道真を祀る北野天満宮（京都市）の境内には、梅五〇種、約一五〇〇本の紅白梅が誇らしげに咲き競い、集客力を発揮している。その社紋は梅鉢だ。この梅鉢の社紋は加賀藩前田家（石川県）の家紋とも酷似する。

(3) 梅の三毒を断つ効能

昔から日本人の生活に梅は深くかかわってきた。味加減を表現する際、「いい塩梅《あんばい》（按排・按配）」というように梅は食用に適すると同時に、眺めて美しく、香りも良く、さらに、薬としても効能がある。梅干しを想像しただけでも唾液が出る。梅は「食べ物・血液・水の毒」の三毒を断つという。梅干しの強い酸味の主体はクエン酸で、またリンゴ酸なども含み、これらの有機酸は現代医学でも整腸や食欲増進、殺菌効果、さらに、飲めば風邪にも効能がある。

(4) 梅干しは日本人のパワー源

一九六〇年代の高度成長期以前、日本人を支えた梅干し入りの日の丸弁当が懐かしい。四角い弁当箱の白いご飯の中に赤い梅干し一個の質素な弁当が日本人の苦難と欠乏に耐えるパワーとなった。今日でも、病気になると、「おかゆに梅干し」が養生食だ。梅干しがあれば、医者いらずと、昔から日本人の食卓で愛されてきた梅干しである。現代でも、一日一粒食べると美容と健康に抜群の効能を発揮することは間違いないであろう。

10　七味唐辛子の効能

(1)　唐辛子の由来

唐辛子は漢字で書くため、直接、中国・唐から伝わったと勘違いしがちだ。しかし、唐辛子は中南米原産の香辛料である。それは唐イコール外国をイメージしたにすぎない。南蛮辛子は、一五五二年にポルトガル人宣教師が大友宗麟《そうりん》へ献上したのが、日本の伝来という。(諸説在り)

唐辛子は当初、漢方薬であった。その後、うどん、蕎麦の麺類や牛丼、湯豆腐、豚汁などの薬味になった。唐辛子の辛さの正体は、カプサイシンという成分にある。それは血行や発汗を促し、脂肪を燃焼し、肥満予防などの効能がある。

(2)　唐辛子のブレンドの違い

乾燥唐辛子の実を粉末状にしたものが一味唐辛子だ。それに対し、七味唐辛子は唐辛子にプラス六種類の香辛料をブレンドする。その原料は黒ごま、麻の実、山椒、陳皮《ちんぴ》(みかんの皮)、けしの実、青海苔などの混合香辛料である。七味の原料のブレンドは店ごとに異なるが、関東の濃い味、関西の薄味という食文化の差が見られる。

(3) なぜ唐辛子店が門前町に

昔、老若男女で賑わう門前町のハレの縁日で口上巧みに大道芸人が七味唐辛子を売った。その後、店舗を構えるが、たとえば、浅草寺のやげん堀（創業・中島商店：一六二五年）、清水寺の七味家（創業・河内屋：一六五五年）、善光寺の八幡屋礒五郎《やわたやいそごろう》（一七三六年）の日本三大七味唐辛子の老舗本店は門前町を地盤に繁盛している。唐辛子一筋の老舗は数百年以上、ノレンを守り続けている。その繁栄は社寺のご利益か、唐辛子は小粒でもピリッとした効能があるからだろうか。

11　納豆のネバネバの効能

(1) 納豆の由来

昔、寺院の出納事務を行う納所で豆を桶や壺など入れて貯蔵していたことから、「納めた豆」が縮んで納豆となった。（諸説在り）一九八一年、関西納豆協同組合は納豆の消費拡大のために、納豆の日をなっ（七）とう（十）の語呂合わせで七月十日とした。全国納豆協同組合連合会は改めて一九九二年、糸引き納豆の日をい（一）と（十）から一月十日とした。納豆のメッカ・水戸（茨城県）ではみ（三）と（十）の三月十日前後に納豆早食い大会を行っている。

⑵　納豆の効能

一般に、日本人はご飯に納豆を載せてかき込むように食べる。納豆は消化吸収が良く、あまり噛まなくとも胃腸への負担は少ない。特に、納豆のタンパク質は牛肉と比べて遜色がなく畑の肉といわれる。納豆は昔から「納豆食いの風邪知らず」をはじめ、血栓予防に効くナットウキナーゼや血圧を抑える酵素、また、ビタミンB1、B2、B12、E、Kなどによって美白・美容効果がある。

しかし、納豆は独特の臭いやネバネバな食感があるために現代人には敬遠されがちだ。この臭いの主成分はテトラメチルピラジンという納豆菌による。納豆菌はタレを入れる前に良くかき回して糸を引かせ、ネバネバを増すと効能がより発揮される。

⑶　納豆は運気を引き込む

納豆のネバネバは脳の細胞をも活性化し、試験や勝負の運気をも引き寄せると信じられている。そこで、予備校などでは一月十日の納豆の日頃、受験生に対し「納豆のように粘り強く合格を勝ち取る」と激励会を行っている。合格のご利益は納豆を食したお蔭と信じたいものだ。

12　盛り付けの「つま」の効能

(1)「あしらい」とは

盛り付けの「あしらい」とは主たる食材に取り合わせて少量添えることをいう。それは主食材との味や栄養、色合いなどのバランスが良く、料理の味を引き立て、香りや彩りを補うために添える付け合せである。「あしらい」には、つま（褄・妻）、けん（剣）、辛み（薬味）の三種に区分できる。しかし、一般に、「つま」があしらいを総称して使われる。

(2)つまとけんとの違い

つまとは、端やふち、へりを意味する。それは刺身の横や手前に寄り添うものだ。それには海藻、芽じそ、穂じそ、大葉（芽づま・立てづま）などがある。また、大根を極千切りにして、刺身の横に立てて盛り付ける「横づま」や刺身の下に敷く「敷きづま」に分類できる。さらに、けん（剣）とは鋭く細長いという意味だ。けんは大根の細い千切りをはじめ、キュウリ・大根・キャベツなどを巻紙のようにし、長く桂剝《かつらむ》きしてつくる。けんは、料理の装飾やアクセント及び毒消しとなる効果もある。しかし、それ自体は元来、料理のあしらいであり、添え物の役割にすぎず、脇役的な存在である。

⑶　刺身のつま多くて身少なし

盛り付けのあしらいは一般に、つまと称される。本来、主たる刺身に対し、少量添えるものだ。スーパーなどでは刺身のパックに多量のつまが底に敷かれている。それはパックの盛り付けが崩れるのを防ぐクッションの役割もある。売り手側のホンネは、刺身にする魚自体は大根のつまよりも値段が高いので、上げ底ならぬ、敷きづまの量を増やせば、刺身の見栄えが良くなり、しかも、刺身自体の量が多いように見えるのだ。

大根の敷きづま自体は安く、細く切るにはスライサーなどで、大量生産できる。つまを多少余計に入れてもその分、値段の高い刺身数を少なくできれば、結局、儲かる。つまは他の料理にも再利用できると喜ぶ人もあるかもしれない。しかし、大根の敷きづまの量を少なくする代わりに、一切れでも刺身の数を多くするか、値段を安くして欲しいと消費者は願っていないだろうか。

13　冷奴はクールガイの効能

⑴　奴の語意

奴は本来、奴隷と同じ意味で使われ、下僕、召使いのことだ。その語源は家の召使いという家《や》つ子《こ》である。また、中間《ちゅうげん》や折助《おりすけ》として武家の奉公人も同じだ。つまり、奴とは、英語の Slave（奴隷）、Servant（召使い）に類似する。主人と奴の間には主従関係、いわゆるLose-Winの目線で働く身分上、低い地位の者である。

冷奴の奴とは、江戸時代に大名行列の先頭を歩いた奴さんのことで、奴は、挟箱《はさみばこ》という棒を通した箱や柄の長い道具や槍などを持つのが仕事であった。大きな四角い釘抜紋《くぎぬきもん》の裾の短い法被《はっぴ》（安価な羽織）を着ていた。現代でも正月などに凧揚げの際によく見かける奴凧《やっこだこ》は、この奴の筒袖を張った姿をまねたデザインである。

(2) 冷奴で涼を

釘抜紋のデザインから、食材を大きめに立方体に切ることを奴に切るという。冷たいことを冷やっこいといったことから、それが転じて冷やした豆腐のことを冷奴と呼んだ。（諸説在り）特に、クーラーや扇風機が無かった時代に、日本人が編み出した涼の取り方の知恵として夏季に冷奴が良く食された。

(3) 冷奴はクールガイか

この冷奴の漢字の表記はクールなジャパン（奴）ともいえる。クールジャパンは日本の文化・産業の戦略的な世界進出を目指す旗印としての用語だ。そこで、胸に大きく「冷奴」、その下に「Cool Guy」のTシャツが売りに出されている。それはクールジャパンに通じると外国人に人気が高い。

そのTシャツは食べ物の冷奴をイメージしたデザインがしてある。しかし、本来は、奴の語意は、社会的に身分の低い奴隷や召使いなどのLose-Winの目線の人びとを意味する。ゆえに、日本人にとっては、奴のTシャツはクールでかっこいい、イケメンとは連想し難いのではなかろうか。

14　おでんのハラル化の効能

⑴　おでんの由来

おでんは拍子木形に切った豆腐を竹串で焼いた豆腐田楽をルーツとし、串料理の系統に属する。豆腐田楽が、元々、炉端に立てて焼く形が豊穣祈願の楽舞「田楽舞」の一本竿の竹馬に乗って踊る姿に良く似ていたので、田楽と呼んだ。おでんは田楽の楽を省略し、田《でん》に女性語の「お」を付け「おでん」となった。

⑵　おでんは関西と関東に違い

室町時代頃のおでんは、豆腐などを串に挿して味噌を付けて焼く田楽であった。江戸時代に焼かずに煮て調理する煮込み田楽が普及し、煮込み田楽となった。さらに、こんにゃくを焼かずに醬油で煮込むなど、具材も増えて今日のおでんへと進化した。江戸時代後期、江戸の醬油煮込みが明治期に汁気の多いおでんに変わり、大正時代頃にそれが関西へ伝播《でんぱ》した。関西では豆腐田楽と区別するために、これを関東煮と称し、味付けは関西好みに仕立て替えられた。

関東のおでんの味は鰹ダシ、昆布ダシに濃い口醤油と砂糖の甘い味である。一方、関西の関東煮は鰹ダシ、昆布ダシ、牛肉ダシで薄口醤油やみりんのあっさり味である。同じおでんながら、東西双方では呼び名も味付けも異なった。

(3) おでんのハラル化の効能

江戸から関西へ伝播して以降、おでんは洗練され、庶民の屋台からお座敷料理としても振舞われてきた。しかし、今日でも、おでんはおふくろの味として名高い。今やおでんは日本食の代表格の料理だ。最近、豚やアルコールを禁忌とするイスラム圏からの外国人も多く訪日する。そこで、おでんの具材やダシ汁などをイスラム教徒（ムスリム）が食べても良いハラルなおでんの具材で売り出せば、行列のできるお店になることは決して夢ではない。

15 定番の土産品の効能

(1) 高級ブランドを買い漁った日本人

格安ツアーでは一般に、旅程中に土産物店へ何度も添乗員は案内する。近年、訪日外国人の増加で、特に、中国人の爆買いが話題となっている。それと同じように、一九七〇年代の高度成長期頃から、欧米へ団体旅行した日本人の多くはお土産好きで、ブランド品を買い漁った時期もあった。

⑵　土産の語源

本書では、料理のおいしさを評価する食事環境として五土の要素の内に、「土産」という用語を使っている。それは「みやげ」と称さず、「どさん」であり、その土地固有の産物を意味する。

一方、みやげの語源は、四世紀頃の大和朝廷の直轄領の役所が土地から収穫した穀物を貯蔵した倉庫を屯倉《みやけ》と称した。その土地の名産が税として取り立てられ、その後、国許へ持ち帰られたことから、今日、みやげが土産という字となった。（諸説在り）

⑶　水杯・餞別で社寺詣での旅

かつて旅に出るということは村人との水杯《みずさかずき》をして親戚から餞別《せんべつ》を頂戴し、旅先でのお土産品を購入した。特に、社寺詣でのお土産品は、神恩や仏恩を分かち合うために、お札を求めた。生涯に一度は訪れて見たい伊勢神宮詣での場合、神宮のお札や農作業に不可欠な暦を土産とした。また、農家の人びとは旅先でイネ種、野菜種などを購入した。

(4) 土産の定番・名物土産ランキング

観光地の土産品は買う人のセンスが問われるが、京都の土産品だと、昔から八ッ橋が定番だ。また、東京では何か。定番の東京ばな奈か、それとも浅草の雷おこしとなる。全国の名物土産ランキングでは、白い恋人（北海道）、うなぎパイ（静岡県）、長崎カステラ（長崎県）が上位の品々だ。この定番の土産品にすれば、貰ったヒトは期待以上と感激せずとも、当たり外れが少なく、一応、歓んでくれること間違いなしだ。

(5) まがい物を売れば国益を損なう

日本国内でも、かつては観光地のお土産品はその量を多く見せるために容器を上げ底にした不当包装、過大包装が少なくなかった。しかし、今やまがい物を売れば、観光業者や観光地が信頼を落とすだけでなく、国益さえも損なうので、商品の中身は当然、適正な包装・表示なども厳守することを断じて忘れるべきではない。

16　「におい」は快・不快の効能

⑴　においの快・不快

和食がユネスコの無形文化遺産に登録され、近年、昆布・干し椎茸・鰹節などからとったダシ汁の「うま味」という味覚が多くの民族に受け入れられ、グローバル化しつつある。しかし、においにはローカル性が強いといえるのではなかろうか。

⑵　訪日外国人の好き嫌い

訪日外国人にとって、においは非日常体験となる。このにおいは嗅覚に基づくため食文化差に影響されがちである。たしかに、同じ文化圏内の人びとでも、においの快・不快は主観的・個人的に差がある。しかし、この好き嫌いは、子供時代に類似のにおいを味わった経験があるか否かで異なる評価となる。ある人が快い「匂い」と感じても、他の文化圏の人びとには耐え難い不快な「臭い」となる。

⑶　食文化の差を心得、おもてなしを

日本の食材のくさや・納豆・沢庵などは「におうからこそ快い匂い」と絶賛する外国人も多い。

この多くの人びとはすでに同じにおいのローカルな食習慣を持っていた人びとではなかろうか。

においを快い「匂い」と感じるか、逆に、嫌悪感のある不快な「臭い」と感じるかは個人差もあるが、本質的に、食文化の差が影響する。それゆえ、接客する人びとは提供する料理がおいしいか否かだけでなく、外国人が日本に滞在中、においに対し、快・不快と感じているかをも先回りに推察し、臨機応変な気配りを心掛けるべきだ。

17　食い合わせの迷信の効能

(1)　食い合わせには迷信が多くないか

昔から合食禁《がっしょくきん》、食合禁《しょくごうきん》と称し、食い合わせすることを日本人はタブーとしてきた。それは、一緒に複数の食材を食する際、身体に悪いとされる食材の組み合わせである。食べ物の恨みは恐ろしくおもてなしの際、留意せねばならない。

日本では慣習的に、表Ⅳ－2のように「タコ対梅干し」「鰻対梅干し」などを食い合わせ、食べ合わせをしないように禁制とした。また、食のタブーに対して地方により、「妊婦がタコを食べると、生まれる子にイボができる」「二股大根を食すると、双子が生まれる」というような科学的にも根拠がない、合理性を欠く、単なる迷信も多く存在する。

表Ⅳ－２　日本の主な食い合わせのタブー

食　材	根　拠
鰻対梅干し	鰻の脂っこさと梅干しの強い酸味が刺激し合い、消化不良を起こす。
蛸対梅（青梅）	青梅の過剰摂取で青酸配糖体による中毒を引き起こす。
蛸対わらび	わらびの過剰摂取により、わらび中毒を引き起こす。
天ぷら対西瓜	油と水では消化に悪く、胃に負担がかかる。
蟹対柿	双方共に身体を冷やし、体温を下げる。
鮎対牛蒡	旬が大幅にずれている。
西瓜対ビール	両方とも水分ばかりであるが、しかし、利尿作用もある。

出典：http://ja.wikipedia.org/wiki/ 合食禁
（最終アクセス：2018 年 1 月 5 日）を参照作成。

⑵　食よりも薬の飲み合わせ

人びとは迷信の食い合わせを必ずしも、信じなくとも、一応、警戒心を抱く契機になっている。また、例え迷信でも、「鰯の頭も信心」のごとく、この食い合わせを意識して食べなければ、その効能の甲斐あって、食あたりの難を避けられること間違いなし。

だがしかし、現代人には複数の薬を常用する薬づけのヒト多し。それゆえ、食い合わせよりも、むしろ、複数の薬の飲み合わせ、または、薬と食品（飲み物・嗜好品を含む）の食べ合わせが副作用を起こすリスクに留意せよ。

V 食のおもてなしの諺と運動

表V－1　八つの「こ」食の時代

① 個　食	家族でそれぞれが別々な食
② 孤　食	寂しく１人だけでする食
③ 子　食	子供たちだけの食
④ 固　食	好きなものやいつも同じものの食
⑤ 粉　食	パンや麵類の粉製品ばかりの食
⑥ 濃　食	味付けの濃いものばかりの食
⑦ 小（少）食	ダイエットのために量が少ない食
⑧ 戸　食	家庭内では食事をしないで戸外での食

出典：山上徹『食ビジネスのおもてなし学』学文社、2015 年、34 頁参照。

1　同じ釜の飯を食う

⑴　同じ釜の価値観

同じ釜の飯を食うとは生活する場（寝起き）を同じくし、一つの釜で炊いたご飯を親しく共食することで仲間意識が醸成される。「一つ釜の飯を食う」とか「一つ鍋の物を食う」とは運命を共にする共同体の連帯感や共通の価値観が共有できる。

今日でも、部活などの合宿所で毎日同じ釜の飯を共食すると、チームが一丸となる強みを発揮するという感覚と同じだ。英語では、食の共食に関しては、“Drink from the Same Cup”がある。

⑵　共食ではなく、「こ」食の時代

昔から家族や地域の人びとは神社の祭の行事を通じ、神様との直会《なおらい》（共食）にてコミュニケーション

を深めた。一緒に共食することは地域や世代を超えて仲良くなり得る近道があった。

しかし、表V－1のように米国版のミレニアルズ世代（millennials: 一九八〇年代～二〇〇〇年代初頭生まれ：十八歳～三八歳くらい）と同じく日本のゆとり世代を中心とした人びとの家庭の食事は、近年、孤食、子食、個食などの八つの「こ」食の時代となっている。また、地域コミュニティーが希薄なため、高齢者の孤独死などが増えている。家族、親族、地域などの絆は希薄化の一途を辿っているのが実態だ。

(3) 会社組織でも共食で一体感

共食の考え方は同じ職場の人間関係を深める方法にも適用できる。今日、同じ職場で働いていても、互いの仕事の内容を知らず、雑談もせず、社員同士に距離感がある。もし上司と部下などの間で共食する非公式（インフォーマル）な機会があれば、公式（フォーマル）な職場では話し合わない様々な情報の交換ができる。

会社組織を「同じ釜」と見立てると、この同じ釜の飯を食えば、経理・財務部のみならず、経営企画、事業部、情報システム部といった関連部署との情報を共有するシステムができる。会社組織内のコミュニケーションが円滑化する。それにより、社員全体の一体感を促進できれば、チーム力でビジネスを成功に導くことも可能となる。

現代のソーシャルメディア時代が進む中、その反動もあり、社員同士のコミュニケーションが求められている。同じ釜の飯を食べるという失われた日本古来の文化を現代の職場やオフィスにおいても、復活するべきだという声を聞くが実現するだろうか。

2 「松竹梅」でなぜ「竹」が売れるか

(1) 松竹梅は冬期のお友達

古来より、めでたい吉祥の象徴とし、松竹梅を「歳寒三友《さいかんのさんゆう》」と称する。正月の生け花、掛け軸、調度品などでは、おめでたい室礼《しつらい》の象徴として松・竹・梅が飾られる。松・竹は厳寒でも、その緑を失わず、特に、松は常緑樹で不老長寿に繋がる。たとえば、日本三名園の一つ兼六園《けんろくえん》（石川県）の雪吊りの松は、雪害にも負けず、いつも緑で、北陸の冬の風物詩の代表格だ。また、竹は節目正しく真っ直ぐ伸び、風にも強い。梅は寒中にても花を咲せ、春の訪れを知らせる百花の魁《さきがけ》である。松竹梅は寒い冬の三つの朋友と称される。

(2) 茶の三千家の合作の棚

千利休の孫の宗旦《そうたん》以降、茶の湯を生業とした三千家、いわゆる表千家（不審菴《ふしんあん》）・裏千家（今日庵《こんにちあん》）・武者小路千家（官休庵《かんきゅうあん》）が存在する。三千家はお互い親戚であり、共通の祖先の法事は一緒に営む。だがしかし、同業ゆえ、仲の悪い時代も多々あった。その仲直りの証として、明治時代に三友棚が考案された。表千家は松の天板と地板を、裏千家は竹の柱を、武者小路千家は天板に梅の蒔絵という区分で三千家が三位一体で一つの棚を形成した。その当時、四つの三友棚が作られ、三千家の仲を取り持った茶面《ちゃづら》で名高い京都・大徳寺に一つ、三千家がそれぞれ一つずつを保有した。

(3)　松竹梅の順序

本来、松竹梅は三友であり、Win-Win-Win の三位一体の同格・同等の格付けである。松竹梅の順序に関しては、縁起が良いと認められた時系列順という説がある。松は平安時代、竹は室町時代、梅は江戸時代に新春を彩るものとしてこの順番が定着した。また、松竹梅と呼ぶと、語呂が良く、読み易いから、たまたま松竹梅になったにすぎないという。（諸説在り）

(4)　竹がなぜ売れるか

この松竹梅という順番は、値段設定や物事の格付けにもよく使われる。たとえば、すし屋、ウナギ屋、てんぷら屋では、松>竹>梅（特上・上・並）の順番でランク付けする。松が一番高価な値段設定の Win の場合が多い。松と梅では、一般に Win-Lose の上下の関係にある。また、注文の際、日本人は高いか安い（上下）かの極端さを嫌い、「丁度、中間レベル」に落ち着く傾向がある。そのため、中間の値段の竹が最も、多く売れ、それを「松竹梅の法則」という。

(5) 松竹梅は Win-Win-win の関係

この際、日本人の梅とのかかわり合いの深い歴史を考えれば、上位（win）が松ではなく逆に、梅こそが最上級（win）にするべきことを提案したい。というのは値段の安い梅の注文を大声でテーブル番号でいわれたら、恥ずかしくもなる。そこで、「梅竹松」と枠組みを逆にし、梅が最上ランクの値段設定とすれば、松が安くても、安い松の注文を大声にしても恥ずかしさを感じない。お客の心理に配慮した粋なはからいの値段設定の店舗が多くなると面白いのではないか。

3 「夏も近づく八十八夜」と茶の愛飲者

(1) 茶の時節の歌・俗謡・諺

新茶の時期の歌に「夏も近づく八十八夜」がある。八十八夜は立春（二月四日）から八八日目の五月二日（閏年《うるう》は五月一日）である。また、江戸時代末の俗謡で「茶壺に追われて、とっぴんしゃん」を思い出す。京の宇治で新茶を採取・製精し、江戸の将軍家へと運ぶ行事があった。茶壺を担いだ行列が近づくや、沿道の子供らは斬捨て御免を恐れ、家へ駆け込み戸をぴしゃんと閉め、潜んだ。また、「鬼も十八、番茶も出花」は粗末な番茶でも湯を注いだ瞬間は旨いように、わが娘も十八歳の年頃ともなり、親馬鹿ながらなかなか可愛いと思う。

(2) お茶を愛飲した人びと

先の茶壺の茶を誰が愛飲したか。それは当時、庶民ではなく、将軍家の一握りの権力者の人びとだ。また、江戸時代、庶民も番茶を嗜《たしな》んだし、煎茶道は文人墨客のインテリ層らが多く愛飲した。一方、戦国時代以来、千利休を祖とし、茶葉を粉末の抹茶にして茶を嗜む茶の湯は大名、武将、豪商らの男性が楽しんだ。

明治期以降の茶道は男性よりも、女性の教養や花嫁修業に転用された。だが、女性らでも、最近、茶道は畳の上で正座することもあり嫌われ、むしろ、男性の入門者が若干、増えている。総体的に茶道を学ぶ日本人数は減少傾向にある。

(3) 外国人の茶の湯ブーム

近年、相撲・柔道の武道などは外国人に人気があるごとく、着物の姿で茶を嗜む外国人が増えている。今後、日本固有な茶道の精神性までも会得した外国人が日本人よりも多くなる時代を迎えることを歓ぶべきか、悲しむべきかな。

4 「ビールは液体のパン」ゆえ

(1) ビール生産の歴史

ビールの製造法は、メソポタミア文明（紀元前四〇〇〇〜前三〇〇〇年）のシュメール人の粘土の板碑「モニュマン・ブルー」（大英博物館蔵）に描かれている。また、紀元前三〇〇〇年頃のエジプトのピラミッド壁画にも痕跡が残る。さらに、ドイツのミュンヘン近郊のベネディクト修道院は現存するビール醸造所として最も古く一〇四〇年だ。

一七二四年、オランダの商船使節団が江戸幕府へビールを献上した。また、ビールの日本の始祖は、一八五三年、江戸の蘭方医の川本幸民《こうみん》だという。しかし、本格的にビール製造したのは一八七〇年で、アメリカ人であった。その後、様々な企業がビールの製造に挑戦した。だが、ビールの酵母菌が醸造できず、失敗していた。第一次世界大戦の戦後処理として一九一四年、ドイツ租借地の中国・青島《チンタオ》が日本の管理下となったが、大日本麦酒がドイツ資本の青島ビール工場を買収し、酵母菌の醸造法を取得した。そのお蔭で、日本のビール業界が世界市場を席巻できたのだ。

(2) 「ビールは液体のパン」ゆえ

中世のヨーロッパでは、「ビールは液体のパン」「パンはキリストの肉」と称賛されて、ビールやパン作りが修道院で行われていた。パンやビールの原料はいずれも麦類である。酵母を使用する製造法は共通する。特に、ビールは生命の水で、大切な栄養補給源であった。断食中といえ、体力の回復のためと称して液体のパンを飲み続けたという。

ところで、ビールはダイエットの大敵というイメージが強い。ビールは肥満の原因と信じられていないか。ビールを飲む人はお腹周りに体脂肪が付き、ビヤ樽型の肥満を連想する。しかし、飲むビールよりも、むしろ馬食する高カロリーの揚げ物などのツマミがビヤ樽体形の主犯である。

(3)　肥満は鯨飲よりも馬食にあり

まさに夏真っ只中、冷えたビールの喉越しの旨さは格別だ。そこで、毎晩、居酒屋では時間制限があるも、飲み・食べ放題の鯨飲馬食《げいいんばしょく》の宴が催される。ビールは食欲を促す液体のパンゆえ、肥満の要因としては認めざるを得ない。しかし、ビール好きは肥満の真の原因はツマミの馬食と決定づけ、今宵もまた乾杯を重ね、鯨飲を楽しむラッパ飲みっ子街の巷にはばかるや。

5 「秋茄子は嫁に」はWin-Loseか

(1) 茄子《なす》の諺

家庭料理の食材として茄子が重宝されるが、他の野菜と比べると、栄養価やカロリーは特別に高くない。この果実の主成分は九〇%以上が水分と糖質だ。

茄子はまず、初夢の縁起物として「一富士、二鷹、三茄子《なすび》」を思い出す。富士山は世界遺産で立派、鷹は王鳥、さらに、茄子は成す（なす）に通じる。また、お盆の精霊の迎え・送りに割り箸や爪楊枝などを使い、茄子とキュウリを乗り物・精霊馬《しょうりょううま》に見立てる。さらに、旧暦の秋頃、晩夏から初秋が秋茄子の旬の時期だが、「秋茄子は嫁には食わすな」の諺が有名だ。

(2) 秋茄子は嫁に食わすなの真意

この秋茄子を嫁に食わすなには諸説ある。まず、おいしい秋茄子ゆえ、夜目（ヨメ）なるネズミに食わすな説。また、Win-Loseの姑の上から目線での嫁いびりの説。一方、東洋医学では茄子は身体を冷やすので、嫁の身体を気遣う説。さらに、秋茄子は種子が少なく子宝に恵まれないことを案じる説。後者の二つの説は、姑と嫁とはWin-Winの関係だ。

(3) 現代は核家族化で食文化の崩壊

かつて三世代同居の大家族では、姑がしつけやシキタリと称し、おいしい秋茄子を食わせないWin-Loseの嫁いびりもあった。だが、それは反面、風習や食育を次世代へと継承できた。

今日、核家族が一般化し、嫁いびりどころか、孫らと食事を楽しむことさえできない孤独な年配者も多い。是非、三世代同居のWin-Win-Winの家庭が増え、今後とも、日本の食文化が次世代へと継承されることを願いたい。

6　例え丼勘定でも本物志向を

(1) 丼勘定の丼とは

丼勘定という言葉が日常、良く使われるが、それは細かい収支計算もせず、専ら場当たり的で無計画に金を使うことを意味する。

この丼とは、親子丼、カツ丼などの食器の丼を連想しがちである。たしかに丼は、お椀の一種で、飯茶碗や麵類などを盛るやや大き目の陶磁製の器が想定される。そこで、丼勘定とは大き目の丼で豆や米を掬《すく》い取ることと理解されていないだろうか。しかし、それは間違いだ。

昔、職人などが身に付けていた腹掛けの前部に共布《ともぎれ》の物入れ（ポケット）や胴巻きの隠し袋を丼と称した。

(2) 丼勘定は時代遅れか

職人らが近くの飲み屋で一杯飲み、お勘定の支払の際、胴巻きの隠し袋から代金を無造作に出して支払った。そのため、計画を予め立てず、大雑把な金銭の出し入れが丼勘定となった。丼勘定は行き当たりばったり的な行動のイメージが強い。このような金銭感覚は「時代遅れ、いい加減、無神経」などとも批判されがちだ。

現代社会は損得勘定を重視した杓子《しゃくし》定規的な経営が歓迎される。もし大金を投入した場合、一定期間内に数値目標を達成できない経営者では評価を下げる。

(3) 目先の損得勘定よりも本物のこだわり

ビジネスでは少々、丼勘定の経営でも、目先の損得勘定以上に、消費者の利益を優先し、損しても本物にこだわることが大切ではないか。こだわりの本物志向の商品は、丼勘定のため短期的に損しても、長期的に認知され、優位性が発揮できれば、得（徳）を取る可能性を秘めている。

7　ブリは縁起の良い出世魚

⑴　海流に回遊する魚類

ボラやスズキなどは、地さきの海岸で、成長する根つきと呼ばれる回遊をしない魚類である。地球温暖化により、海流や水温が変化してきているが、日本では北から親潮とリマン海流という寒流が流れ込み、南から暖流である黒潮が太平洋側に、日本海側に黒潮の支流の対馬海流が流れ込む。この海流に魚類が回遊し、旬を迎える頃に捕獲される。

⑵　年取魚のブリの出世魚

年越しの行事食の魚を年取魚《としどりざかな》というが、東北や関東の年取魚はサケであり、北陸や関西ではブリとなる。ブリはアジ科の青背魚の巨魚で、魚偏に師という字で鰤と読む。まさにブリは師にふさわしい貫禄を持ち成長に伴い名称を変える出世魚である。他の出世魚にスズキ、ボラ、サワラ、マイワシなどが有名だ。ブリの出世魚の地方別の名称は次の通りである。

① 関西では川柳に「ブリはハマチ、元はツバスの出世魚」のように「ツバス、ハマチ、メジロ、ブリ」。

② 関東では「ワカシ、イナダ、ワラサ、ブリ」。

③　北陸では「コゾクラ、フクラギ、ガンド、ブリ」などと成長する。

ブリは近年、獲る漁業からつくる漁業に変わり、九州や四国で養殖されたブリが市場に多く出回っている。しかし、天然ブリは晩秋から冬期の寒波と共にブリの大群が日本海へ押し寄せる。

(3)　北陸の寒ブリづくしを

北陸で水揚げされる出世魚は成長すると呼び名が変わるだけでなく、風味も変わり、冬場はおいしい旬を迎える。たとえば、脂ののった寒ブリを大根おろしと食べるブリトロ刺身、冬の氷見漁港（富山県）のキトキト（新鮮なさま）な寒ブリを薄切りにしたブリしゃぶ、ブリ大根、塩焼きや照り焼き、さらに、かぶら寿司などもおいしい。冬の北陸へ出かけ、寒ブリづくしを楽しむヒトは、可愛い子振らなくても、まさにブリッ子そのものである。

8　出世する秘訣とは運・気の心掛け

(1)　人生の成功者は資質だけか

人生の成功者となるには優れた資質が必要となる。しかし、多くの場合、それだけでは決して達成できることではない。出世できるか否かは運のよさ、根気とねばり強さ、つまり、「運・根・鈍」の三要件が大切となる。この運気・根気という「気」は、本来、「氣」である。日本は稲作

加わると、不可能がなくなる。

なる。時の流れという運をも味方にし、根気よく努力をして、さらに、粘り強く適度の鈍感さが

を中心とした瑞穂《みずほ》の国だ。この米は生命の根源を意味する。米の字の氣は、運氣、根氣、元氣と

(2) 運が良くなる食材とは

食は「人に良い」と書くように共食すれば、人間関係が良くなり、また、円満な人柄であれば、幸運も自ずと、やって来よう。さらに、運気を確実に摑むには、食材を選ぶべきだ。京都では、「ン」が二度つく七種の食材を食すると、出世がより確かなものになるといういい伝えがある。この七種の食材は、ナンキン（中風除け）、ニンジン、ギンナン、キンカン、カンテン、ウンドン（うどんの古名）、レンコン（見通しがきく）である。それらを食することが開運につながるという。

(3) 出世するには運気の食材とパワースポット巡りを

出世を強く願うヒトは、「産地直売の市場・朝市」にて、運気が良くなる「二度ンが付く」食材を求める旅をおススメしたい。さらに、全国に運気を良くする神社は多々ある。たとえば、気《け》比《ひ》神宮（福井県）、気多《けた》大社（石川県）、気多神社（富山県）などの北陸の気のパワースポットへの聖地巡礼をも兼ねれば、そのご利益により、必ずや、一味違った人生が訪れること間違いなしかもしれない。

9 「サバを読む」より「空気を読む」

(1) 鯖《サバ》街道

関東では一般に、鯖は中級以下の魚と見なされている。しかし、京料理の「鯖寿司」ともなれば、高級品である。海岸から遠い京都では、かつて日本海側の若狭地方（福井県）などの漁港で鯖を水揚げし、その後、一尾一尾ていねいに腹腔を塩でしめ、荷車で山を越え、京都へと運び込まれた。そのルートには複数あったが、それらを総称して「鯖街道」と称した。

(2) 鯖は傷み易く数をごまかす

この鯖街道を経て京都に着いた頃に鯖は良い塩加減でおいしく食べ頃となった。しかし、冷蔵施設もなく、正確な物流が困難な時代、鯖は傷むのが早いので、数や日時の計算を適当に数えたことが「サバを読む」となった。（諸説在り）現代でも個人的には、年齢や体重などは少な目にいいがちである。また、イベントなどの参加人数が主催者側と他の関係団体とで異なることが多々ある。

(3) 先回りで「空気を読む」気づき

今日、観光ビジネスではお客に対し、数量や金額をごまかす不正な「サバを読む」ことは論外である。請求する金額と実数が異なれば、結果的に、お客との信頼関係が失われる。接客スタッフは「サバを読む」のではなく、その場の雰囲気を魚の目で流れを捉え、相手の心を感じ取る「空気を読む」ことが求められる。指示待ちやマニュアルに過大に依存せず、その場の「空気を読み」、先回りの気づきがお客の満足を高め、信頼関係を深めることを決して忘れるべからずである。

10　東京はオリンピック倒れにならぬか

(1) 大坂人には美食家が多い

「食い倒れ」は大阪の人びとがとかく食で財産をなくするということだ。昔から他の地域に比べ、海の幸、山の幸に恵まれ、浪速の人びとが美食家で、家計が傾く程、飲み食いしたことに由来する。

歴史的に大坂は、飲食の質を重んじる。大坂人は食のために時間と労力を惜しまない。主婦は家族のため、料理人は、お客をうならせることに努力をした。しかし、今日、大阪の名物料理は何かと訊かれると、残念ながら、粉モンの「たこやき」しか思い出されない貧困さがないか。

(2) 大坂の食い倒れと類似の例

一般に、関西では大坂の食い倒れと京の着倒れが対句で使われることが多い。それは同様に他県・他国と近接の場所でも同じ状況が見られる。「江戸の履き倒れ、京都の着倒れ、大坂の食い倒れ」「大坂の食い倒れ、堺の建て倒れ、尼ヶ崎は履いて果てる」。さらに、徳川御三家の「紀州の着倒れ、水戸の飲み倒れ、尾張の食い倒れ」などがある。

(3) 大坂は杭倒れ

京都は着倒れではなく、お客への気配りのため「気倒れ」説がある。また、水の都・大坂では食い倒れでなく、「杭倒れ」もある。江戸は八百八町、京都が八百八寺、大坂八百八橋と称されていた。大坂では八百八橋という無数の橋があり、橋の土台となる杭にお金を投入し、店や家が潰れてしまったという。

(4) 東京はオリンピック倒れにならぬか

二〇二〇年に東京オリンピック・パラリンピックが開催される。その際、競技場のデザインが撤回され、また、インフラ施設の建設費の高騰などで多くの問題が噴出した。さらに、オリンピック開催後においても、ハード・ソフト・ヒューマンなレガシーの資産価値の運用を含め、課題が山積するゆえ、東京は「オリンピック倒れにならぬか」と懸念する昨今である。

11　一村一品運動は人づくりから

(1)　一村一品運動は大分県から

一村一品運動は、一九七九（昭和五四）年、大分県知事の平松守彦（一九二四〜二〇一六年）が提唱した運動だ。地元住民が主体となって、村おこしのために一村一品の開発を奨励したことに由来する。その後、この運動は各市町村を中心に地方創生を推進する全国的な運動として発展した。一村に一つ以上のオンリーワン（only one）の特産品を開発し、国内や世界に通用する有名ブランドの銘柄を育成することにより、その経済的な効果は非常に大きなものが期待できる。

(2)　一村一品の画一化

一村一品運動はそれぞれの村がそれぞれの特性を生かした得意技・持ち味、独自性の Only One のパワーを生み出さねばならない。地元の資源を活用し、独自性の高い産品をひとつでも育成できたならば、地元の創生の起爆剤になると、多くの市町村で、この運動を推進した。しかし、多くの市町村では成功例を専ら模倣するものばかりであった。全国各市町村の産品の多くはほとんど同じ横並び的な産品が多く、画一的なまがい物づくりの One of Them が横行する結果となった。

(3)　一村一品運動は人づくりから

この運動は日本経済の東京一極集中に対抗し、全国各市町村は自前の内発力で、活性化を図ろうという意識改革にあった。しかし、多くの施策は成功例の類似策ばかりであり、One of Themといっても過言ではなかった。Only One の独自性の産品づくりの課題はOne of Themでは絶対に成功しない。この運動にはチャレンジ精神を有する人材がいるか否かが重要となる。まずは、チャレンジする創造力に富んだリーダーの有無が村づくりの原点であることを認識するべきだ。

12　地産地消のまちおこし運動

(1)　まちおこしの波及効果

地産地消は、地元食材の生産とその域内の消費を奨励する運動である。この背景には、観光客を大勢、呼び込めれば、地元で生産された食材の消費量が増えるというシナリオだ。この場合、地元の食材を観光資源化すると、観光業が恩恵を受けるだけでなく、地元の農業や漁業はもとより、また、食品加工業、さらに、一般飲食店、商店街などへも波及する。しかし、域内消費量の増大は結局は、ヨソ者の観光客に期待したまちおこしである。

(2) 先進都市の京都・金沢の例

地産地消の典型的な先進都市には、京都・金沢などがある。それらの都市では、昔から地元の野菜（土産）を活用し、独自の調理法（土法）を確立し、また、歴史的に、ゆかりある観光スポット・場所（土場）もあり、史跡・社寺などでは年中行事・祭（土時）を開催してきた。さらに、料理人・接客人のおもてなしの心（土人）も行き届いている。京都・金沢では、五土の要素の食事環境が確立しており、国内外の観光客らからは、こだわりのブランド野菜や名物料理のコストパフォーマンスが良く、人気も上々であり、旺盛な需要量が確立できている。

(3) 地産地消は絵に描いた餅

たしかに、地産地消の村おこしの成功例は存在する。しかし、地産地消を掲げていた多くの過疎地では、当たらない大根役者や絵に描いた餅のごとき、淋しい結果となっている。過疎地では、地産はある程度可能でも、それに見合う需要量の確保となる地消が達成できない場合が多い。とはいえ、村おこし舞台の幕が下りないように、過疎地がにぎわい、蘇ることを願い続けたい。

13　身土不二の食養運動

(1)　身と土は分離できない

仏教の身土不二《しんどふじ》とは身と土は分離できないことを意味する。明治時代、陸軍薬剤監の石塚左玄《さげん》（一八五一〜一九〇九年）らは食養会《しょくようかい》を設立し、人間が健康に生きるには、その土地の自然に適応した旬の作物を育て、顔が見える食材を食べると、「医食同源《いしょくどうげん》」で身体に良いといった。

その土地で収穫された旬の食材をその土地で消費するという地産地消の考え方とも類似する。しかし、身土不二は地元の土地・食材・人間が三位一体の関係にあるという考えに基づき、身体と環境との関係から重要性を提起する。地元の食材を食していないと、人間の身体は環境に適応できなくなる。昔から「三里（約十二キロ）四方の場所の気候・風土に生育してきた食材であれば、身体は季節の変化に無理なく、即応でき、病気知らず。

(2)　身土不二の目的とは

地元の土地で収穫された食材でも不適切な食品があろう。たとえば、人工的に栽培された野菜や農薬を多用し、添加物を使った食品を使用していないかだ。今日、身土不二の運動を行う背景には、健康に良い生産者の顔が見える地産地消を増やすならば、日本の食料自給率の向上にも役立つことは確かだということである。

(3) 温故知新の健康食品を

身土不二の運動は地元の食材や添加物を使わない保存食品が健康に良いという考えに基づく。この運動は、故きを温《たず》ねて身と土地と一体のエコロジーの価値を再度、認識する機会にしたいものだ。

14 スローフードのオーガニック運動

(1) スローフード運動の考え方

一九八六年、スローフード (slow food) はイタリアで始まった運動である。この運動は「速さ」を意味するファーストフードとは異なり、調理や食事における時間的長短を問題としていない。

この運動は、農薬・化学肥料を使用せず、有機肥料などにより土壌の持つ力を活かし環境に負担をかけず、自然を有効に活用する。つまり、太陽・水・土壌・そこに生息する微生物の恵みを活かしたオーガニック (有機) をベースにする「医食同源」の運動である。たとえば、地元で獲れた魚や海藻をはじめ、地元で栽培されたオーガニックな野菜や穀物を手作りで食べるという素材にこだわった運動である。基本的な考え方は、以下の通りだ。

① 消える恐れのある伝統的な料理や質の高い食材・食品・酒類を守る。
② 質の良い食材を提供する小規模な生産者を守る。
③ 子供らを含め、消費者に食育を行う。
④ 食の喜びを取り戻そうという運動や食品自体を意味する。

(2) 人の顔が見える関係を

家庭で料理するための時間消費は、一般に、まず「買い物」、次に「調理、盛り付け」、食べ、終わった後、さらに「後片付け」が必要となる。

スローフードでは、「買い物」以前に作付け状況の把握を含め、「農場・漁場から食卓まで」には多くの時間を費やす。特に、地元で作られた人の顔が見える関係を大切にし、食の安全・安心を最優先するものだ。日頃食している食物は誰がどのように作ったか。その食材の味覚をじっくりと味わい、その土地で育った野菜や大豆をいつも食すれば、「元気百菜豆一生」にも通じるという考え方である。

(3) スローフード運動を装ったニセモノ

スローフードは短時間で食べられる手軽な食品・食事を意味する外食産業のファーストフードと対立概念で捉えるべきではない。食の安全・安心を考えると、この運動は有機、無農薬、自然栽培のこだわり産品を生産し、消費することにある。

しかし、現実には、たとえば、有機・無農薬・自然栽培を謳《うた》い文句としていても、生産プロセスが全く消費者に見えない場合が多い。スローフード運動が厳格に実施され、収穫された産品か否かは消費者にはブラックボックスである。それゆえ、スローフード運動が生産者側において確実に完全に実施されているか否かは、未だ半信半疑な日本人が多いのではないだろうか。是非とも、スローフード運動を装ったニセモノではないことを願いたい。

VI　年中行事と食のおもてなし

1　ハレの年中行事

(1) 人間の精神状態

人間は、まず、快晴でハレバレした「清浄性・超最高」なハレの精神状態がある。また、「曇り・普通」の「日常性・世俗性」のケ（褻）の状態がある。さらに、「雨・不浄性」で気枯れ、気離れするケガレ（穢れ）という三つの精神状態に分けられる。

(2) ハレ・ケガレの非日常性

非日常的な精神状態は、「ハレ・ケガレ」の両極がある。「ハレ」は晴れがましく、「表向き・正式・公・公衆の前」などを意味するプラスの非日常であり、年中行事や祭の日で、それを物日（紋日）ともいう。また、「ケガレ」はマイナスの非日常となる。

祭の日という年中行事は、ハレの日であり、日常的なケの日々とは異なる食事をし、晴れ着を着て仕事を休み、「ケガレ」（ケの涸れた状態）を克服し、心も身も、リフレッシュさせる。昔は、ハレの食事は餅・飯・菜・焼米・団子・酒などを食し、ケの食事は雑穀や野菜などであった。

⑶　物質的なハレ、精神的なケガレの状態

現代日本人の多くの生活は、いまや「日常のハレ化」「ハレの日常化」であり、「ハレの連続性」を謳歌している。しかし、その連続は物質的な面からの「ハレ」にすぎなく、精神的な心の面では「ケ」というよりも、むしろ、それ以下の「ケガレ」の精神状況下にある人びとが多いのかもしれない。

2　正月の室礼と鏡餅

⑴　正月のウチとソトの違い

正月のハレでは、元旦早々から初日の出や初詣、さらに、公私にわたる新年会などでソトでは人出も多くにぎわい慌しい。一方、各家庭のウチでは門松を立て、鏡餅を床の間などに飾り、神聖で厳粛な和の室礼が日本的な特徴といえる。

⑵　正月の鏡餅

正月には年神を迎えるが、年神の御神体が鏡餅である。年神が宿る鏡餅は神聖なものである。室町時代以降、武家では武家餅（具足《ぐそく》餅）といって、鎧兜《よろいかぶと》などの具足を置き、その前に鏡餅を供

えて一家の繁栄を願った。今日でも、鏡餅は歳神と人間をつなぐ役割を果たす。鏡餅とは、古代の円形の鏡に由来する。京都では、正月、二段重ねの丸い鏡餅を「お鏡さん」と呼び、床の間や仏壇、神棚、おくどさん（かまど）などに供える。

鏡餅の色は白白の地域が多い。しかし、金沢（石川県）の鏡餅は上が紅、下が白の紅白である。鏡餅を載せる台は三方に奉書紙を垂らして敷き、ゆずり葉と裏白を載せ大小二つの鏡餅を重ね、その上に橙《だいだい》の他、串柿、昆布などを飾る。鏡餅の飾り方は地域や家々で、それぞれ異なる。また、餅を用いず、芋や麵類の地域もある。

一月十一日には飾っていた鏡餅を下げる。その日を鏡開き、鏡あげ、オカザリコワシと呼ぶ。この鏡開きの際、刃物は使わず、餅を槌《つち》で叩き割って雑煮や雑炊にする風習がある。

(3) 正月の室礼は外国人に興味津々

日本の正月の和の室礼の特徴は外国人にとって異文化との出会いとなり、興味津々で観光対象としても価値が高い。是非とも、正月の風習、諸行事は次世代の子供らへと継承されることを願いたいものだ。

表VI－1　節句と年中行事の食

月	行　事	料　理	行事食の意味
1月　1～3日	正月	おせち料理、雑煮	年神のお迎え、豊作祈願
7日	人日の節句	七草粥	健康
11日	鏡開き	おしるこ、ぜんざい	年神の感謝
第2月曜日	成人の日		記念の祝い
15日	小正月	小豆粥　赤飯	
2月　3日	節分	福豆、恵方巻	健康、厄除け
11日	建国記念日		記念と祝い
14日	バレンタインデー	チョコレート	交流
3月　3日	桃の節句	寿司、はまぐりの吸い物、白酒、菱餅	健康・成長
14日	ホワイトデー	キャンディー、チョコレート	交流
21日	春分の日	ぼたもち、団子	先祖のお迎え、鎮魂
4月	春祭、花見	花見団子、花見弁当	豊作祈願、桜の花
5月　5日	端午の節句	柏餅、ちまき、しょうぶ酒	健康・成長
7月　7日	七夕の節句	そうめん	織女にちなんで
13～15日	お盆	精進料理	霊棚飾りにする
20日前後	土用の丑	鰻蒲焼、ウの付くもの	健康増進
8月 13～15日	お盆（月遅れ）	精進料理、白玉団子	先祖のお迎え、鎮魂、感謝
9月　9日	重陽の節句	菊酒　栗飯	健康・長寿
中旬	十五夜	月見団子	豊作・感謝
23日	秋分の日	おはぎ	先祖のお迎え、鎮魂
10月	十三夜	月見団子、亥の子餅	豊作の感謝、子孫繁栄
第2月曜日	体育の日		健康
11月　15日	七五三	千歳飴	健康・成長
23日	新嘗祭	新穀で作った食べ物、餅、赤飯、神酒	感謝・祈念
12月　22日	冬至	カボチャ、小豆粥	迎春の期待、健康
25日	クリスマス	ケーキ	感謝
31日	大晦日	年越しそば	年神のお迎え、感謝・祈念

出典：村山篤子他『改訂　食生活論』建帛社、2013年、59頁参照作成。

3　顔が見える七草粥を

(1)　五節句の人日とは

表Ⅵ－1のように五節句とは人日《じんじつ》：一月七日、上巳《じょうし》：三月三日、端午《たんご》：五月五日、七夕《たなばた》：七月七日、重陽《ちょうよう》：九月九日である。一年の最初の節句は旧暦一月七日の人日である。人日は文字通り人の日をいう。中国の占術書では年初の六日間は、順にトリ、イヌ、ブタ、ヒツジ、ウシ、ウマの日で、次の七日目が人の日、八日目が穀物の日と続く。

人日の日は中国では若菜摘みや七種菜羹《しちしゅのさいこう》をする風習があった。それが平安時代、日本へ伝わり、七種の菜の入った七草粥を一月七日の朝に食べ、一年の無病息災の願いを込める行事となった。

(2)　七草囃子

七種の菜は前日に野山で菜を摘み、夜から七日の早朝にかけて、年棚（歳神を祭った棚）の前で七草囃子《ななくさばやし》を唄い、まな板の上に七つの道具をそろえて七草を叩き、細かく刻まれた七草をお粥にして食する行事である。七種の草をたたく時に囃子歌は地方で異なるが、関東では「唐土の鳥の、日本の土地に渡らぬ先に、ストトントントン、七草なずな」と唄う。これは農作物の鳥追いの歌が七草粥の囃子歌へと結びついた。

(3) 顔が見える七草粥を

今日、スーパーなどの店頭では、年が明けると、七草粥のパックが大量に並び、人びとはそれを購入し、行事食を楽しむ。しかし、この場合、もし顔が見えない七草では食の安全・安心、特に、身土不二の思想にも反する。新年の事始め、正月の運動不足を解消し、食べ過ぎ・飲み過ぎの胃袋を整えるためにも、地元の野山などへと出かけ、自分の眼で確認し、七草を採取し、家族で七草粥を共食することこそ、一年の無病息災が保証される日本人の食の知恵のはず。しかし、間違いやすい毒性の野草もあることを決して忘れるべからず。

4　節分は花街行事でプラス志向

(1) 二月は花街から元気に

二月と八月は、一般的に景気が悪く二八《にっぱち》という。たとえば、京都の二月は底冷えし、八月は蒸し暑い。桜、紅葉のシーズンでもなく他の月と比較して二八は客足が少なく、京の観光のオフシーズンだ。二月の不景気風を吹き飛ばす施策が花街の諸行事に秘められていた。そこで、二月三日の節分の花街行事を復活させるようになった。

(2) 京の花街のオバケ

昔、京の花街では二月三日の節分頃に厄祓《やくばら》い行事というオバケ儀式があった。最近、客足が減る二月ゆえ、そのオバケが復活した。芸舞妓が普段とは違う姿に扮装《ふんそう》（オバケ）して座敷に出る。また、オバケ仮装を楽しむ人びとなどが社寺を巡る。京の節分は社寺の豆まきプラスオバケで集客アップとなるか。

(3) 大阪の花街から恵方巻

二月三日の恵方巻は、江戸時代頃の大坂の花街の花魁《おいらん》遊びが始まりだ。商人が芸者遊びで恵方巻を食べさせて節分を祝い、商売繁盛を願ったことに由来する。

そこで、一九九八年、セブン‐イレブンは客足の減る二月の売上アップを狙って、丸かぶり寿司・恵方巻の全国販売を展開した。当然、節分関連商品も店頭に並べた。節分の恵方巻は、本来、七福神にちなみ、七品目の具材の太巻きだ。二〇一七年のセブン恵方巻はカンピョウ・蓮根《れんこん》・穴子・おぼろ（でんぶ）・椎茸煮・厚焼き玉子・キュウリ・高野豆腐の八品目の具材で末広がりの縁起を担ぐ。

(4) 花街行事で二月の不景気払い

二〇一九年の恵方巻の食べ方は、東北東の方角を向き無病息災を願い、包丁で切らずに、大口で一本丸ごとガブリと完食するのが良い。節分は豆まきプラス恵方巻でコンビニなどは売上アップとなり、二月の不景気を吹っ飛ばす救世主か、いや恵方巻の廃棄物の山かもしれない。

5　バレンタインは倍々ゲーム

(1) バレンタインデーの由来

バレンタインデーの歴史は古代ローマ時代までさかのぼる。当時、兵士が結婚すると士気が落ちると、結婚を禁じたローマ皇帝に逆らい、キリスト教司祭のバレンタインは若者らを哀れに想い、密かに結婚をススメた。その罪で彼は、二六九年に処刑され、二月十四日は聖バレンタインの殉教の日だ。

また、イギリスの民間伝承に「二月十四日に鳥が交尾をはじめる」といわれ、男女が集まって恋人を選ぶという風習があった。双方が重なり、二月十四日のバレンタインデーは恋人らが愛を育む日となった。（諸説在り）

(2) 洋菓子メーカーのチョコ戦略

一九五八年、日本の洋菓子メーカーは、売上げが減る二月ゆえ、二月十四日のバレンタインデーにチョコを贈るセールを企画した。一九七〇年代中頃から女性から男性へチョコを贈るという日本型バレンタインデーが定着した。

しかし、当初、女性を標的に本命チョコ（一対一）を買わせる魂胆だった。その後、チョコ商戦が激化し、複数の上司などへも贈る義理チョコや友チョコ等など、さらに、三月十四日のホワイトデーでは男性から倍返し、三倍返しという売買の倍々ゲームを流行らせた。

(3) インバウンドの倍々ゲームは女子力

政府のインバウンドの数値目標は、二〇二〇年四〇〇〇万人、三〇年六〇〇〇万人という右肩上がりを想定する。二〇一七年のインバウンドの実績は、二八六九万人。今後の主たる標的市場は、絶対、女子力だ。洋の東西を問わず、女性に誘われ、男性や子供らも同伴するので、右肩上がりの倍々ゲームは女性客を増やせれば、自ずと達成するかもしれない。

6　雛飾りと女性の婚期

(1)　正月早々から雛祭りのイベント

雛飾りの桃の節句は三月のイメージが強い。しかし、雛人形の商戦は正月早々から始まり、二月が最高潮となる。全国各地で雛飾りやイベントなどが催され、集客力を発揮している。高さや規模を競う雛飾り、たとえば、鴻巣《こうのす》びっくりひな祭（埼玉県）、目黒雅叙園の百段雛まつり（東京都）、ビッグひな祭り（徳島県勝浦町）などが名高い。

(2)　雛祭りの桃の節句の由来

桃は魔除けで百歳《ももとせ》に通じる。桃の節句は娘の成長と幸せを願うもので、親は雛人形を飾り、行事食に甘酒（白酒）、人の心臓の形のひし餅が振舞われる。そのひし餅や雛あられの白・緑・桃の三色はそれぞれ、純潔な雪（白）・木々の芽吹く（緑）・生命（桃）を表す。さらに、ばら寿司（ちらし寿司）や蛤の吸い物の魚介類で子供らをもてなす。蛤は一対《いっつい》の貝殻としか合わないので、娘に貞操の大切さを諭し、一人の男性と生涯連れ添うことを親は願う。

(3) 雛飾りと晩婚化

雛飾りは一般的に草木が芽生える二月十九日頃の二四節気の雨水の日に飾り、三月三日をすぎると片付ける方が良い。それはなぜか。桃の節句がすぎても雛人形を飾っておくと、娘の婚期が遅れるといういい伝えがある。

しかし近年、日本人の平均初婚年齢は、年々上昇し、一般的に晩婚化傾向にある。それは雛飾りを適時に仕舞わなかった親や主催者の責任よりも、むしろ女性の社会進出にかかわる雇用環境が主な要因である。ゆえに、妊娠・出産しても女性のキャリアを中断させない職場環境づくりが最大の課題であろう。

7　端午の節句と食

(1) 端午の由来

端午の節句はそもそも旧暦五月五日に祝われた。今日の日本ではグレゴリオ暦（新暦）の五月五日に行われ、一部の地域では旧暦や月遅れの六月五日に行われる。中国語圏では現在も旧暦五月五日に行うのが、一般的である。旧暦では午《うま》の月は五月にあたり、この午の月の最初の午の日を節句として祝った。その後に、五が重なるこの月の五日が端午の節句の日と定着した。

(2) なぜ柏餅か

柏餅とは、柏の葉っぱの上に、上新粉とくず粉（片栗粉）を混ぜてつくった「しんこ餅」に、あんを挟んだものを置き、柏の葉を二つ折りにして包んだお菓子である。柏の葉は、新芽が出ないうちは古い葉が落ちないという特徴がある。「柏の葉」イコール「子孫繁栄」との意味がある。それは「子供が産まれるまで親は死なない」「家系が途絶えない」ということで縁起が良い。

(3) なぜ粽か

粽《ちまき》は餅団子を茅《ちがや》という木の葉や笹・マコモなどの葉で包んだものをいう。粽自体は中国の節句の行事とセットで日本へ伝わった習慣である。粽自体には縁起の良い「難を避ける」という意味がある。粽に結んだ赤・青・黄・白・黒の五色の糸は、子供が無事に育つようにとの魔よけの意味を込め、鯉のぼりの吹流しの色に基づいている。

関東では「柏餅」を好み、関西では「粽」を食する風習の違いもある。

8　皐月の時節と「旬」の食材

(1)　一日遅れれば価値なし

日本人には、昔から四季の変化を感じ取る美意識があり、季節感を大切にする。たとえば、「六日の菖蒲《しょうぶ》、十日の菊」というように、端午（五月五日：菖蒲）、重陽《ちょうよう》（九月九日：菊）の節句では、一日すぎれば、その価値が下がってしまう。

(2)　皐月の旬の五感の俳句

また、皐月《さつき》の頃の俳句で「目には青葉　山ほとゝぎす　初松魚《はつがつお》」（山口素堂）が思い出される。この句では「青葉（視覚）、ホトトギス（聴覚）、初がつお（味覚）」でもって人間の五感へと訴える。

皐月の時節には黒潮に乗って北上する「上りガツオ」は香り良く、さっぱりとしており、刺身、たたき、照り焼きや煮物がおいしい。

初秋の三陸沖で餌を食べ、再び、南下する「下りガツオ」「戻りガツオ」は脂がのっており、刺身がおいしい。

⑶　旬の食材と五土の要素

日本人は、旬の食材に食欲をそそられる。旬とは、三つに区分できる。まず、その年の初物・出初の「走り」の珍しさを味わい、最も味が良くなる「出盛り」を堪能し、さらにシーズンの終わりを惜しむ「名残り」をも味わう。

しかし、旬の食材（土産）であれば、だれでも、どこでも、つねにおいしいと感じ取るわけではない。産地の本物志向の旬の食材の最適な時空間（土場・土時）で、こだわりの調理法（土法）であるか否かで価値に差がでる。さらに、その土地固有の磨きがかかった料理人やローカル・ホスピタリティ（土人）による食事環境の五土の要素がおいしさの差となる。人びとは、旬の食材との出会いでコストパフォーマンスの良さを求め、おもてなし観光旅行へと出かけるのだ。

9　七夕の星探しの旅立ち

⑴　七夕の由来

「七夕」を「棚機《たなばた》」や「棚幡」と表記する。日本では織姫の和名である棚機津女《たなばたつめ》の伝説がある。

中国の「乞巧奠《きこうでん》」という行事では織姫の伝説にあやかり、庭で針に五色の糸を通し、酒肴や瓜などを祭壇に供えて、裁縫・機織りの上達を祈願する。七夕の短冊では神が宿る笹竹に、この五色の糸と同じ、「赤・青・黄・白・黒（紫）」の色の飾りが一般的だ。

中国では古くから二つの星を人格化し、七月七日を一年一度、めぐり合うという伝説がある。七夕は七月七日に牽牛星（彦星、わし座アルタイル）と織女星（こと座のベガ）という二つの星が北の天頂に昇って天の川に並んでかかる。

⑵　都会は満天の星なし

夜中でも輝くネオン・ライトアップ・自動販売機などの光公害のため近年、都会では、残念ながら、闇に輝く天の川などの星座をロマンチックに楽しむことができなくなっている。まさに人為的な光通れば、星空見えず、天の川が引っ込む都会生活也である。それゆえ、地平線に沈む真っ赤な夕日、満天の星座の輝く自然の豊かな里海里山への旅立ちを楽しむことも好ましかろう。

10　七夕に食する素麺

⑴　七夕の索餅の由来

古代中国の帝の子供が七月七日に亡くなった。その子供が霊鬼神となり、町内にマラリア性の熱病を流行らせた。困った人びとは、子供の好物の索餅《さくべい》を供えると、鬼の祟《たた》りは鎮まったという。

⑵　索餅から素麵へ

それ以来、毎年七月七日には病気が流行らないようにと願い、索餅を供えた。小麦の収穫期に麦餅を作る風習と共に宮中行事に取り入れられ、日本にも広まった。やがて、索餅は素麵へと進化し、七夕に素麵を食するようになった。

七夕は畑作の夏野菜の収穫祭の意味もある。ナス・キュウリの精霊馬は先祖を迎える乗り物に見立てる。また、素麵流しは、天の川や織姫の織り糸に見立て、素麵は織り糸が流れて行くような風流な行事食である。

⑶　三大七夕祭と素麵の産地

日本三大七夕祭は、平塚の湘南ひらつか七夕まつり（神奈川県）、仙台七夕まつり（宮城県）、安城七夕まつり（愛知県）が有名だ。

東北三大祭は仙台七夕まつり、青森ねぶた祭、秋田竿燈《かんとう》（灯）まつりが名高い。特に、東北三大祭は東北の三大祭全部を巡る八月初旬のツアーが可能で、東北の都市同士の連携の強みを発揮するイベントとなっている。

全国乾麵協同組合連合会では、一九八二年に七月七日の七夕を「そうめんの日」と定めた。日本三大素麵といえば、兵庫県播州素麵の「揖保乃糸《いぼのいと》」、奈良県の「三輪そうめん」、香川県の「小《しょう》豆島《どしま》そうめん」がある。

11　祇園祭の粽の厄除け

(1)　祇園祭の粽の由来

餅団子を茅の葉で包んだ粽は端午の節句に欠かせない。夏の京の祇園祭でも粽が販売されているが、食べる粽でなく、厄除けの護符《ごふ》（お守り）である。

祇園祭の祭神の天竺の神である牛頭《ごず》天王が妃を娶《めと》るために竜宮へ旅した際、一夜の宿と宝船を捧げて力を貸した蘇民将来《そみんしょうらい》の子孫に対し、天王は疫病から守ることを約束した。その後、死の病が流行した折、蘇民将来の一族は助かり、繁栄した。避疫神《ひえきしん》としての蘇民将来の信仰は、京都の八坂神社の摂社、疫《えき》神社で祀られている。

(2)　蘇民将来也の護符

祇園祭の飾り粽に「蘇民将来子孫也」の護符がつけられる。七月十七日の山鉾《やまぼこ》巡行の際、鉾の上から囃し方が粽を観光客へ向けて投げていた。しかし、投げた粽を取り合いとなり、中年女性が怪我をした。そのため、山鉾巡行中に粽を投げることは原則禁止となった。そこで、巡行の前日の宵山《よいやま》などで各鉾町が粽を売っているが、それは食用でなく厄除けの護符である。

(3)　京の町衆の先取的な商魂

近年、京都人は観光客のニーズを敏感に読み取り、食べられる粽も同時に発売している。また、祇園祭の時期は京の夏の味覚である鱧《はも》が旬の時期を迎える。そこで、祇園祭は別称、鱧祭と称する。夏場は鱧料理を中心に飲食店では、食の祭典化を図って祭気分を盛り上げる。

京の町衆は単に伝統を頑なに守っているだけでなく、先取的な商魂も忘れない。夏場の京の蒸し暑さ以上に、今日でも「伝統と革新の思想」が引き継がれている。

12　祇園祭に食するキュウリと鱧

(1)　祇園祭と八坂神社の神紋

祇園祭はユネスコの無形文化遺産に登録され、一二〇〇有余年の古都・京都の七月の一ヵ月間にわたり、開催される。祇園祭では「コンチキチン♪」の囃子による豪華絢爛《けんらん》たる山鉾巡行（前祭：七月十七日、後祭：七月二四日）が見物できる。一方、大阪の三大夏祭の期間は「愛染さんで始まって住吉さんで終る」（あい＝愛、すみ＝住、ません＝天とも）のである。祇園祭はインド祇園精舎の守り神「牛頭天王」を祭神として迎えた八坂神社の祭礼である。

⑵　祇園祭は鱧祭

鱧料理は夏場の京都を代表する料理として有名だ。祇園祭の前祭山鉾巡行（十七日）の時分は、例年、梅雨明けの時期と重なる。梅雨明け前の鱧は、梅雨の水をたっぷり飲んで肥えているためか、格別においしい。そのため、人びとは祇園祭を「鱧祭」ともいう。

⑶　はもきゅうが一番人気

京の八坂神社の神紋（社紋）がキュウリを輪切りにした切り口の模様と似ている。そこで、八坂神社の山鉾町の氏子らは七月の一カ月の期間中、祭儀が無事に終わることを願い、縁起を担いでキュウリを食しない。

しかし、八坂神社の氏子らの意に反し、京都の料理・飲食店では観光客や市民に暑気払い用の鱧料理で神紋のキュウリを使う。鱧はそのままでは食べられず、骨切り作業が必要となるが、焼物、お造り、酢の物、吸い物、寿司など鱧づくしが堪能できる。特に、鱧の皮を千切りしたキュウリと酢の物揉みの「はもきゅう」が一番に人気である。

13　土用は、なぜ蒲焼か

(1)　ウナギは日本の食文化

二〇一七年現在、ワシントン条約の絶滅の恐れがある野生生物の国際取引の規制対象からニホンウナギは除外されている。昔からウナギは日本の食文化を担う貴重な食材だ。しかし、将来、ウナギは取引禁止となり、食べられない事態が起こるかもしれない。

(2)　土用の丑の日はウナギの日

江戸時代中期頃、夏枯れで困った江戸のウナギ屋が商売繁盛のアイデアを平賀源内（一七二八～一七八〇年）に乞うたところ看板に「土用の丑《うし》の日は鰻の日」と書いて店前に出すとご利益があると示唆したという。このご利益のお蔭で土用の丑の日にウナギを食べる習慣が定着した。

ウナギ屋の「う」の字のデザインの看板はウナギが丸い桶に入れられていたことに由来する。

また、ウナギ以外に梅干し、瓜類（キュウリ、スイカなど）、うどんも暑い時期は「う」が付くので、同様に食べると身体に良いと信じられていた。さらに、夏場が旬の鱧は鮮度が落ちると棒のように真直ぐになるが、樽の中でひらがなの「つ」の字形になっている鱧は大きく鮮度の良さを表す。そこで、鱧は「つ之字の鱧」というブランド名で呼ばれる。

(3) 関西と関東の蒲焼の違い

❶ 関西の裂き方

ウナギの裂き方は関西と関東では正反対である。商人社会の関西では腹開きでウナギを捌《さば》く。蒲焼ではウナギの頭をつけ、長いまま何匹も並べてクシで刺し、素焼きでタレをつけて焼くので時間がかかる。関西風はウナギ自体の味を逃さず、脂がのった濃艶な味である。だが、皮の歯ごたえはかたい食感である。

❷ 関東の裂き方

武士社会の江戸では、腹開きは切腹をイメージするので背開きにし、まず焼いて蒸して、もう一度焼く。関東風の焼き方は油を抜くので、あっさりとやわらかいが、物足りないと関西人はいう。だが最近、関西人でも関東風を好む人が多いようだ。

(4) 暗黙知の匠の蒲焼

蒲焼の味覚の好みはヒトにより、時代により流転してきた。しかし、たかが蒲焼、されど蒲焼で、おいしいと客を唸らせるには串打ち三年、裂き五年（または八年）、焼き一生というように、暗黙知のワザが必要となるのだ。

14　キリコ祭りの集客力は郷土愛

(1)　能登半島の地形

❶　日本海の左手の親指半島

昔から日本海沿岸の弓なりに反った中央部に、左手の親指を右斜めにした特異な形をした半島が能登であり、そのため、能登を親指半島と呼んだ。おおまかにいえば、石川県の北に当たる親指全体が能登半島だ。親指の関節の上が奥能登（珠洲《すず》市、能登町、輪島市、穴水町）で、下が中能登（七尾市、志賀《しか》町、中能登町）、さらに、下が口能登（羽咋《はくい》市、宝達志水《ほうだつしみず》町）にて区分できる。

❷　東海北陸圏の昇龍道

近年、中部圏の東海北陸圏を「昇龍道」とし、太平洋側の三重県、愛知県を「龍の尾」、能登半島の先端部分を「龍の頭」に見立てる。中部空港から昇龍道を経由する東海北陸観光も人気がある。さらに、東京から新幹線にて金沢駅を起点にした能登半島の龍頭巡りも大勢の人びとでにぎわう。

(2)　京の祇園祭の流れのキリコ祭り

能登半島の夏祭の灯籠神事としてキリコ祭りがある。たとえば、奥能登の輪島大祭、能登町宇《う》出津《しゅっ》のあばれ祭、中能登の七尾市の石崎奉燈祭《いっさきほうとうまつり》、志賀町西海《さいかい》祭りなどではキリコ祭りが開催される。口能登の羽咋市などでは、キリコでなく、獅子舞が祭の主役となる。キリコとは直線的な角形の大型の切子灯籠《きりこどうろう》、切籠《きりこ》である。このご神灯のキリコは神々を招く依代《よりしろ》であり、また、夜道を照らす奉燈ともなり、神輿のお供として町内を巡る。

キリコの胴体には紙で願い事や歴史上の人物、武者絵などを描く。この神事は悪疫・邪気を追い祓う。しかも、この風流な灯籠の歴史は京都祇園祭の宵山に端を発し、江戸時代に入り、日本海に連なる灯籠の帯状、たとえば、富山県魚津のたてもん祭り、秋田の竿灯、弘前・青森のねぶた祭などへと伝播した。これらは観客を意識した見せる祭礼である。

輪島大祭では風流な灯籠のキリコに加え、笛・太鼓・鉦《かね》の囃子の力強い交響音を伴い、路上パフォーマンスが行われ、その後、闇夜を照らす柱松明の炎上行事が催される。

(3) 朝市で能登の庶民との触れ合い

奥能登の輪島の一日は、千年以上も前から続いている朝市で始まる。一般に、日本三大朝市とは「輪島朝市」「勝浦朝市」「飛騨高山朝市」だ。輪島の朝市では毎朝、約三六〇メートルの商店街において、二〇〇以上の露店が立ち並び、活きのいい魚や艶のある野菜が気安く、気軽に取引されており、能登の庶民との交流体験としては、絶対に外せない観光スポットだろう。

(4) キリコ祭りに回帰する郷土愛のパワー

キリコの祭礼は年に一度の町内の大イベントである。輪島では「キリコ祭りにゃ帰ってこいや」の言葉を良く耳にする。奥能登の出身者らは毎年、キリコ祭りが近付くと、タコの吸盤のごとく、郷土への求心力が働き、続々と帰省するので、町はにぎわう。この時期、町は普段の五、六倍の人口で膨れ上がる。

食といえば、能登では独特の酸味とうま味のアジの馴れずしの郷土食もおいしい。特に、奥能登の夏季、岩ガキ、海女採りサザエ、アワビなどが獲れ、キリコ祭りでは、新鮮な魚介類を中心にした宴が真夜中まで盛大に催されている。

15 「重陽の節句」と「長幼の序」の違い

(1) 重陽の由来

昔、中国では奇数を陽の数とし、陽の極である九が重なる九月九日は大変めでたい日とされ、菊を用いて不老長寿を願ったことから菊の香りを移した菊酒を飲み、邪気を払ったりし、長命を願うという風習があった。また、「栗の節句」とも呼ばれて栗ご飯などで節句を祝った。

(2) 長幼の序とは

重陽の節句に対し、「重陽」と「長幼」とは同じ音感である。この長幼の序とは孟子が人間として守らなければならない道徳として「五倫」を説いた。その五倫には、「父子の親・君臣の義・夫婦の別・長幼の序・朋友《ほうゆう》の信」を掲げた。

つまり、長幼の序とは、人間として守るべき五つの道「五倫」の内のひとつである。それは社会風習上、子供は大人を尊敬し、また、大人は子供を慈しむべきという双方向の秩序を掲げたものだ。それは年長者と年少者の間における「上下の序列」を意味することではなく、その年齢差における「一定の秩序」の大切さを表現する言葉である。

(3) 重陽と長幼の序との違い

重陽と長幼の意味する内容は双方では若干、異なる。重陽はどちらかといえば、若者が一方的に敬老の精神で、Lose-Win の目線で尊敬の気持ちを表現するという行為である。

しかしながら、後者の長幼は上下関係に基づく、子供が下から目線で年長者を敬老することだけではなく、年長者も子供に対し、慈しむのである。双方がお互いに畏敬の念と慈しみを抱きつつも、心と心を通わすという同じ Win-Win の目線からのおもてなしの心が存在せねば、成立しない。

16　瑞穂の国の祭の源流は新嘗祭

⑴　祭の語意

祭は「尊い方のそばにてお仕えする」というが、その尊い方とは、神あるいは祖霊である。それらを「まつろう」「待つ」「祀る」「松」などに由来する。祭とは人間に恵みを与えてくれる「神や祖霊」をお迎えし、感謝と祈りを捧げ、「神人一体」「神人合一」により、強力で神秘的な霊力を分け頂き、ケガレを祓うための宗教的儀式である。

⑵　瑞穂の国の新嘗祭

日本は瑞穂の国で農耕民族であり、日本の祭の原型は稲作と関連している。新嘗祭《にいなめさい》は、新穀を神に献じて感謝する祭である。この嘗の語義は神・人が嘗《な》め合うことであり、ナメル、アヘル（饗）にも通じる。国家が統一され、祭儀が天皇を中心として集中的に整備されるようになり、宮中の祭儀となった。その年に収穫された新穀や新酒を太陽神・天照大神と稲の神・豊受大神《とようけのおおかみ》に供え、収穫の感謝を表現する祭であった。

一八七二（明治五）年の改暦以前は、旧暦十一月の第二の卯の日であった。現在は、勤労感謝の日の十一月二三日に天皇が行う収穫祭である。それは、八百万の神に対し、新穀をすすめて感謝し、天皇自らも親しく食する宮中祭儀である。また、新穀の豊作に感謝して祭儀を行う神社もある。

(3) 和食の再認識を

現代人の食生活は急激な変化が起こっており、とくに、日本人が伝統的な和食を食べなくなった。日本の食文化という遺産自体が次第に失われつつある。そのような危機意識から二〇一三年十二月に和食が無形文化遺産に登録された。そこで、日本人自身が和食を正しく理解し、誇りを持って次世代へ継承させねばならない使命があることを決して忘れてはいけない。

17 ハロウィンごっこを楽しむ

(1) ハロウィンの仮装の意味

ヨーロッパの先住民であるケルト人（Celts,Celtic）の一年の終わりは十月三一日である。この日は夏の終わりであり、冬の始まりでもある。

この夜は死者の霊や魔女が家々へ訪れるので、仮面を被り、魔除けの焚き火を焚いた。また、カボチャ(本来はカブ)をくり抜き蠟燭《ろうそく》を立ててジャック・オー・ランタン(Jack-o'-lantern)を作る。これを玄関先に飾ると、善霊を引き寄せる目印となる一方、悪い霊は遠ざけると信じられた。

このハロウィンの風習はキリスト教へと伝わり、万聖節（諸聖人の日）の前夜祭に組込まれた。しかし、現在、ハロウィン自体は宗教的な意味合いよりも、イベントと捉えられる。

⑵　ハロウィン・パーティーの子供ら

この夜は魔女やお化けに仮装した子供らが家々を訪ね、「いたずらかご馳走か」(trick or treat）と、菓子のおねだりをする。また、子供らの報復へのいたずらも許される。各家庭ではリンゴ（日本ではカボチャ）料理やもらった菓子などを食べ、ハロウィン・パーティーを楽しむ。

⑶　ハロウィンごっこは日本の風物詩

一九九七年、東京ディズニーランドが「ディズニー・ハロウィン」を開催以来、急速にハロウィンの遊び心が日本人に受け入れられた。仮装・コスプレのハロウィンごっこの会場などでは親子や若者らで大はしゃぎだ。

今や過熱ぎみのハロウィン商戦は、恒例のバレンタインデーやクリスマスと並ぶ日本の風物詩だ。日本人は宗教に無関心でも、欧米かぶれを善しとするのは、散切り頭を叩いた文明開化の明治以来のことだ。今なお、日本人の白人への憧れ志向は根強く、欧米の物真似は、未だに衰えることを知らず。

18　クリスマス・ケーキの半額の謎

(1)　クリスマスイブの食

十二月二五日はイエス・キリストの生誕の日で、二四日の夜はクリスマスイブである。

さて、クリスマスの食べ物として思い出されるものは、七面鳥やケーキではなかろうか。七面鳥はオランダの清教徒が一六二〇年、メイフラワー号に乗ってアメリカ大陸に上陸した際、野生の七面鳥を捕え、それが食卓にのぼった肉であった。

クリスマスには神に捧げ、昔日の想いに感謝して七面鳥を食した。しかし、現在、アメリカでは、十一月の第四木曜日の感謝祭に七面鳥を食べ、クリスマスではチキンを食する。また、暖炉の薪と炎を見立ててクリスマス・ケーキが考案された。

日本では十一月半ば頃、繁華街ではメリー・クリスマスの文字が踊り、大売出し商戦で盛り上がる。その中でも、花屋やケーキ屋が商売繁盛する忙しい時期だ。

(2)　クリスマス・ケーキの価値

日本のクリスマスは宗教的な色合いはほとんどなく、恋人や家族によるパーティーが中心となる。二四、二五日といえば、大きな箱のケーキを持って家路へ急ぐサラリーマンが多い。日本ではケーキは一般に、イブの日に食べる。

諺に「六日の菖蒲、十日の菊」のごとく、五月五日の端午の節句、九月九日の重陽の節句を一日遅れると、菖蒲も菊も価値が減退する。これと同じくクリスマス・ケーキは二六日では価値がなく、売れ残りケーキは半額となる。しかし、後の祭の二六日に残り物のケーキを食べること自体、空しさを感じるのは筆者だけではあるまい。

19　年越しの蕎麦を味わう

(1)　除夜の鐘

十二月末、年の瀬、なにかと気ぜわしくなる時期だが、去りゆく年の幕切れと、新しい年の幕開けとなる大晦日を迎える。大晦日の深夜〇時を挟む時間帯に全国の寺院で除夜の鐘が鳴り響く。除夜の鐘は日本仏教にて年末年始の年中行事である。その鐘の数は百八で、それは人間の煩悩《ぼんのう》（本能・欲求）の数である。その鐘の音を聴き、人びとは行く年、来る年に想いをめぐらす。

(2)　二八蕎麦と年越し蕎麦の意味

歳末の日本の風物詩として大晦日は「年越し蕎麦」を食する。文化文政（一八〇四～一八三〇）年間に蕎麦文化が江戸で全盛となった。当時、蕎麦屋で「二八蕎麦」という看板が登

場した。では、二八蕎麦の由来を考えてみたい。（諸説在り）

❶ 原料配合の割合

二八蕎麦は原料配合の割合で蕎麦粉八に対し小麦粉二の割合が「一番おいしいとされる比率」だという。つなぎの小麦粉を混ぜる割合が、二八蕎麦、九一蕎麦、外一、外二などがある。つなぎを入れない純粋な蕎麦を「十割(生)蕎麦」と表示する。しかし、蕎麦粉九割小麦粉一割では「九一蕎麦」というように、二種類の原料を混ぜる際、主原料が先になるはずだ。蕎麦粉八割ならば、「二八蕎麦」ではなくて「八二蕎麦」となるのが、一般的ではないかと疑問を感じる。

❷ 蕎麦代と時蕎麦

江戸時代、蕎麦の値段が十六文だった。そこで、二八蕎麦とは、かけ算の九九の二×八＝十六で、蕎麦代十六文という説もある。勘定を支払う際、一文ずつ数え、八つまで数えて「今なん時だい？」蕎麦屋が「九つ」と答えると、以後十《とお》、十一……と続ける、一文ごまかす「時蕎麦」の落語を思い出す。

(3) 年越し蕎麦と薬味のご利益

❶ 年越し蕎麦

年越し蕎麦のご利益には、細くて長い蕎麦ゆえに、長寿や身代が長く続く。また、かつて金銀細工師が蕎麦粉を使って、散らかした金粉を集めたことから、金を吸い寄せ、来年も幸せをかき入れるという。さらに、蕎麦の実が三角形であり、その三角は五臓の毒を取り、邪気を払うというご利益もある。特に、年越し蕎麦を食べ残すと、日本人の「もったない」精神で、来年はお小遣いに事欠くよという戒めもある。

2 年越し蕎麦の薬味・葱

年越し蕎麦の薬味に、一般に、葱《ねぎ》を少々、入れる。このネギは心をやわらげるという意味で「労《ね》ぐ」に通じる。また、神社の神職の職階には、一般的に、宮司《ぐうじ》・禰宜《ねぎ》・権禰宜《ごんねぎ》という神職がある。蕎麦の薬味の葱は祓い浄める神職の「禰宜」にも通じる。年越しの蕎麦の葱と神職の禰宜の語呂合わせで、一年の汚れをぬぐって心やすらかに新年を迎えるという意味が込められる。

なお、野菜の日本三大葱は、下仁田ねぎ（群馬県）、岩津ねぎ（兵庫県）、博多万能ねぎ（福岡県）がある。京都では葉ネギの九条ねぎが有名だ。

以上、本章を最後まで読んで頂き、「本当にどうもありがとう」とネギライの言葉をいわせて頂きたい。本書はX章まであり、最後まで完読して頂きたく、それでは宜しく、頑張って下さい。

Ⅶ　日本料理の源流を楽しむ

1　「鳥の目」のすしとオスプレイ

(1)　すしのルーツは鳥のミサゴ

すしは元来、酸味の保存食として発達したが、「鮨・鮓・寿司」の漢字で表現される。寿司の字は縁起の良い当て字である。ミサゴという屋号の寿司店舗が多い。それは寿司のルーツがミサゴスシにあるからだ。

ミサゴは鷹の一種で魚鷹《うおたか》の異名を持つ。ミサゴが水面に突入する際の音「ビシャ、ビシャゴ」に由来する。それは空中で静止や急降下して獲物を捕らえるからだ。そのミサゴは岩陰に魚を蓄え、漁ができない時にそれを食するという習性がある。この岩陰に蓄えた魚類が潮水を被ると、自然発酵し、酸味をおびた。この自然発酵した魚を人間が横取りし、それをヒントにし、ミサゴスシの製法が考案されたのだという。

(2)　ミサゴは軍用機のオスプレイ

ミサゴは上空から海面全域の魚の群れを見極める「鳥の目」そのものだ。一方、米軍の軍用機のオスプレイ（Osprey）とは、ミサゴの意味だ。ミサゴの「鳥の目」と同じようにオスプレイは左右の固定翼にそれぞれ回転翼を備え、垂直離着陸や空中停止、さらに、水平方向にも進路を変える縦横無尽な軍用機である。オスプレイはヘリと航空機のいいとこ取りの軍用機といえる。しかし、オスプレイの操縦が複雑で高度な技術が必要なために、度々、航空事故を起こす。

(3)　鳥の目よりも流れを読む魚の目か

オスプレイは東日本大震災の災害救援で活躍した実績がある。オスプレイの配備は米軍基地だけでなく、隣国への軍事抑止力にもなると、二〇一八年度、陸上自衛隊は十七機のオスプレイを保有する。しかし、日本には「鳥の目」のオスプレイの配備よりも、アジア諸国の水の流れを読む「魚の目」、さらに、対峙する諸国と「虫の目」の緻密な交流を推進する外交の戦略がより大切かもしれない。

2　東西のすし文化

(1)　すしは馴れずしが起源

すしは本来、東南アジアを起源とした馴れずしを始祖とする。それは酢を使わずに自然発酵で酸味・風味を出す。馴れずしには今日でも、次のようなものがあり、有名だ。

❶　琵琶湖の鮒ずし

琵琶湖の鮒ずしは卵の入った源五郎鮒を塩漬けの後、米飯と共に漬け込み乳酸発酵させる。

2 和歌山の紀州馴れずし

和歌山の紀州馴れずしは塩飯に鯖を抱き合わせ、アセ（暖竹）の葉で巻いて漬け込み、自然発酵させる。

3 北陸のかぶらずし

北陸（石川県・富山県）の郷土食のかぶらずしは塩漬けしたカブを輪切りにし、切込みに塩漬けしたブリなどの切り身を挟み、これを麹と一緒に数日間漬け込む。

これらの馴れずしの酸味は酢を使わず、発酵するまでに長時間を要する。

(2) 関西は馴れずし

関西では江戸時代初め、乳酸発酵を早めるために飯を温めたり、酢や酒を加えたりし、すし飯を箱に詰め、その上に具を重ね、圧力をかける押し寿司が考案された。たとえば、大阪の箱寿司、海苔巻き、散らし寿司、押し寿司、蒸し寿司、ばってらも、京都の鯖の棒寿司、富山の鱒の寿しなど多彩にある。

関西の馴れずしは当初、馴れ、発酵させるまで長時間を要した。そこで、酸味を速くさせるために無理矢理、押すという押し寿司が考案された。その後、その押し寿司は江戸へと伝わった。

(3) 関東は具材を載せる握り寿司

関東ではせっかちな江戸っ子の気質ゆえに、より簡略化し、具材を発酵させずに飯に酢を加え、江戸前（東京湾）の魚介類を載せるだけの握り寿司へと進化した。近年、握り寿司がグローバルに受け入れられ、世界中に浸透中だ。

3　ロール寿司が日本市場を席巻

(1) 江戸前寿司が全国へ普及

かつて江戸城の前の川（東京湾）のウナギが江戸前だった。明治末期頃、握り飯の上に刺身を載せる握り寿司がはやった。そこで、江戸前はウナギから寿司へと代わった。

この江戸前の握り寿司は、たとえば、一九二三年の関東大震災後、東京から離散した寿司職人らが全国的に広めた。また、食料統制の一九四七（昭和二二）年、飲食営業緊急措置令が施行され、配給米を持参し、加工賃を払えば、寿司と交換できる政令ができ、寿司屋が東京で営業できた。そこで、地方都市の寿司屋でも握り寿司を握るようになったという。（諸説在り）

一九六〇年代後半、魚介類の冷凍設備や高速道路網が整い、物流が迅速化し、握り寿司が全国的に広まった。さらに、一九七〇年代後半頃から日本の寿司が海外でも注目された。

(2) 欧米のスシ・バーのロール寿司

欧米人は生の魚介類を食することに抵抗感もあり、また、海苔をブラックペーパー（黒紙）と勘違いをし、剝して食べた。海外のスシ・バーは外側にすし飯、内側に海苔という裏巻きスタイルのロール寿司を考案した。カルフォルニアロールは茹でたタラバガニの脚身などとアボカドで巻いた表皮の裏にマヨネーズを塗る。わさび抜きロール寿司をワサビ入りの醬油やソースに浸して食する。現在、ロール寿司は多種多彩、カラフルに進化中だ。

(3) ロール寿司の逆輸入

ロール寿司は寿司だが、うまいか否かは別としても、江戸前の握り寿司とは似ても似つかない。今や、それが逆輸入され、日本市場を席巻していることを日本人は喜ぶべきことか。

4 回転寿司の廃棄ロス

(1) 寿司の業態の変化

今や寿司は世界的な人気食品である。寿司店の業態には、従来からの職人がお客の注文に応じ、寿司を握る注文生産型がある。一方、店側が通常、事前に売上を予測して見込み生産する回転寿司がある。

⑵　回転寿司のレーンは右回り

回転寿司のレーンは人間の利き手と利き目の習性から一般に右回り、時計回りで回転する。お客の大半は右手では箸を持つ。左手は右回りのレーンから回ってくる皿を待つ。それは目の前に皿が回ってくると、衝動的に手が出ることを狙ってのことだ。かつ、取る皿の選択にも時間がかけられ、結果的に店側の売上増にもつながるという算段が見え隠れする。

⑶　見込み生産型から注文生産型へ

回転寿司店では経営上、いかに多くの皿数を売り、その廃棄ロスを減らすかが課題だ。寿司が売れ残れば、一定時間後に廃棄処分となる。最近、回転寿司では直接、お客の注文にも応じる店が多くなった。その際、お客は少なめのシャリ（舎利・酢飯）で、ネタ（種・具材）は天然産の魚介類で、大きいと有難いと思う。

そこで、普通レーンでは、単価の安いネタの寿司を廃棄覚悟で大量に見込み生産する。他方、高速の新幹線レーンでは廃棄ゼロを目標に単価の高いネタを注文生産型で応じる。双方を相殺すれば、廃棄コストが縮小できる。

(4) POP皿だけ回転で廃棄ゼロ

廃棄ロスを回避するため、最近、回転寿司のレーンでは寿司を一皿も流さず、その代わりに商品POP広告の皿だけがグルグル回転する店も登場したとか。しかし、寿司そのものが回らない回転寿司では味気ない。それでは経営者の首も回らなくなり、店舗が廃棄される宿命になるかもしれない。

5 ざる蕎麦の差別化は海苔か

(1) コナモンの蕎麦の三たて

蕎麦、うどん、中華麺などの多彩なコナモンがある。しかし、頭に日本が付くのは蕎麦だけだ。近年、海外で日本蕎麦が淡泊でダイエット効果があると注目されている。

おいしい蕎麦の条件に「蕎麦の三たて」がある。それは「挽きたて・打ちたて・茹でたて」という。手打ちの蕎麦を食べるには「鮮度」が大切である。それは蕎麦の劣化が早く、蕎麦は時間と共に伸び、香りも減るので、できるだけ素早く食するべきという。「三たて」に、また、収穫時期の「穫りたて」を加えた「四たて」ともいう。

ただし、四たての内で、茹でたては打ってから三〇分程は寝かせた方がおいしいという。そこで、近年、逆もまた真なりか。蕎麦を寝かせた「熟成蕎麦」を提供する蕎麦屋も増え、好評のようだ。たかが蕎麦とて、その極上の味には匠の裏技の奥深さを感じる。

なお、江戸時代の蕎麦御三家といえば、「砂場《すなば》」「更科《さらしな》」「藪《やぶ》」がある。現在も御三家は営業を続けている。全国に郷土そばが多くあるが、日本三大そばとはわんこそば（岩手県）、戸隠そば（長野県）、出雲そば（島根県）である。

⑵　ざる蕎麦ともり蕎麦の違い

二〇一七年、国会で安倍首相に対する二つの疑問、「もり・かけ問題」（森友学園・加計（かけ）学園）で忖度が議論された。たしかに、蕎麦にはもり蕎麦もかけ蕎麦もある。しかし、この問題は食べる蕎麦のことではなかった。かけ蕎麦は蕎麦を器に入れ、熱いダシ汁を掛けただけの蕎麦だ。一方、ざる蕎麦ともり蕎麦は、冷たい麺つゆで食する。では、ざる蕎麦ともり蕎麦との違いは何か。

❶　ざる蕎麦

江戸中期、深川洲崎の伊勢屋のざる蕎麦は竹ざるに盛り、高価な蕎麦粉、一番ダシ、さらに、高価なみりんを加え、熟成した調味料のかえし（御膳がえし）を使った。江戸時代、ざる蕎麦はもり蕎麦よりも品質、器、ダシ、かえしも高級だった。

❷　もり蕎麦

一方、もり蕎麦はセイロで山盛りにした蕎麦にツユをつけた安上がりなものだった。その蕎麦は安い小麦粉、つゆは雑ぶしや二番ダシなどを使っていた。今日、蕎麦の品質には双方、特段の差がない。しかし、海苔が載っているざる蕎麦は、一般に、もり蕎麦よりも値段が高い。

(3) ざる蕎麦は海苔の差で高いのか

日本人には、高額なざる蕎麦ファンがなぜか多い。それは蕎麦に載せる海苔の高級感の差別化によるものか。海苔は蕎麦にない栄養素があると同時に、磯の香や見た目も良く五感へ訴え、食欲をそそる。外国人は当初、海苔をブラックペーパーと思った。最近、寿司ブームもあり、海苔は黒紙ではなく食物として認知されている。今後、ざる蕎麦がヘルシー人気によるだけではなく、喉越しや海苔の磯の香に魅了される蕎麦通ファンの外国人が増えることを願いたいものだ。

6 スキヤキ以上のブランド力を

(1) 日本を代表するスキヤキ

戦後、「富士山、芸者、スキヤキ」が日本の代名詞でもあった。数ある日本料理の中、スキヤキは現在でも、知名度が高い。一八五九年、横浜港が開港し、外国人居留地から文明開化の象徴としてガス灯、人力車、さらに、食肉文化が伝わった。明治期の肉食の解禁による牛鍋店の開業は、一八六二年の横浜の伊勢熊、一八六九年の神戸の関門月下亭、一八七三年の京都の三嶋亭が有名だ。その後、牛鍋はスキヤキへと名称を変え、グルメ料理へと進化した。

⑵　日本人はジビエを隠語で食べた

日本人はこのスキヤキをいつの時代から食したか。仏教の伝来で天武天皇は、殺生を嫌い六七五年に食肉禁止令を公布した。明治期までの約一二〇〇年近く日本人は表向きには、ジビエ（鳥獣肉）を食しない人種であった。しかし、この禁止令下でも、薬は別物で四足獣を薬喰いと称して食した。

スキヤキの漢字は鋤焼、鍬焼である。鍋の代わりに農具の鋤を火にかざしてジビエをあぶって食した（他説も在り）。しかも、庶民は隠語でジビエなどを食した。たとえば、猪肉は牡丹《ぼたん》、山鯨、鹿肉は紅葉、馬肉はサクラ、鶏肉はカシワ、牛肉は冬牡丹、黒牡丹などと称した。また、ゲテモノを扱う獣肉店をももんじや（百獣屋）といった。

⑶　おもてなし観光には食のブランド力

文明開化で日本人の食肉の隠れた調理法がスキヤキを創作し、世界的なブランドとなった。さらに、訪日外国人を増やすためにも、和食の無形文化遺産登録に引き続き、食通のおもてなし観光には日本の多彩な食のブランド力を高める戦略が必要不可欠だ。

7　和食と猫に鰹節を

(1)　日本人と鰹ダシ

ダシは日本人の食生活に不可欠な存在だが、日本三大ダシは椎茸《しいたけ》・鰹節・昆布である。特に、日本三大鰹節産地とは枕崎（薩摩節：鹿児島県）、土佐清水（土佐節：高知県）、焼津（焼津節：静岡県）が代表的な産地だ。鰹は毎年早春に日本南岸に姿を現す回遊魚で、日本人にとって大変馴染み深い魚である。縄文時代の貝塚からも鰹の骨が出土し、日本人は昔から鰹を食した。

一時期に大量に水揚げされる鰹ゆえ、季節性のある鰹は生で食べ、また、保存のために、古来より、鰹節の製法が考案された。

この鰹節は和食のダシ、うま味に欠かせない。うま味には、グルタミン酸、イノシン酸、グアニル酸などがある。鰹節といえばイノシン酸が連想される。イノシン酸は、鰹節のうま味の代表格で一九一三年、小玉新太郎博士が発見した。

(2)　鰹節のフレッシュパックの登場

従来、鰹節は鮮度が命であり、お客の顔を見てから削った。削り節は、和風調味料として馴染み深い。特に、冷奴やほうれん草のおひたし、お好み焼きやたこ焼きなどのトッピングに良く合う。一九六九年、鰹節問屋の老舗にんべんがフレッシュパックを発売した。お蔭で、家庭では、船形をした本節を削るという手間が不要となった。

(3) 海外で猫のエサに鰹節

昔から飯に鰹節をかけ混ぜ込む「ねこまんま」がある。「まんま」とは「飯」の幼児語だ。猫は魚が大好きで、特に、鰹節は、大好物だ。そこで、日本の鰹節が海外で猫のエサとして好評という。人間には味覚に差があるけれど、猫の嗜好の世界は変わらず、鰹節の味覚はグローバルに受け入れられているのだ。

8　日本料理の隠し味とは

(1) 日本料理には五味プラスうま味

毎日の食事は、少しでもおいしい方が良いに決まっている。しかし、日本語はあいまいな言葉が多く、日本料理のおいしさや隠し味とはどんな味かと咄嗟《とっさ》に聞かれても、返答に困る。

料理の味には、五味（辛・酸・苦・塩・甘味）プラスうま味の六つの調味料が加わるからだ。特に、鰹ダシと昆布ダシのうま味が日本料理を引き立てる。鰹ダシのうま味成分のイノシン酸と昆布ダシのグルタミン酸が組み合わさり絶妙の相乗効果を発揮する。関東では鰹ダシを主、関西では昆布ダシを主とし、それに塩加減を加え、日本料理の繊細なコクのあるうま味ができ上がる。

⑵　料理の秘伝の隠し味

素材そのものを引き立て、料理にアクセントを付けるには隠し味が決め手となる。しかし、隠し味とは、その料理店の秘伝の味付けをこっそり隠すかのように入れるからであり、隠すことなく公開すれば、隠し味とはいえない。

⑶　隠し包丁の裏ワザ

日本料理には盛りつける際、表側から見えない面、たとえば、大根の片面に十文字、こんにゃくや茄子に格子状に切り目を入れるという隠し包丁（忍び包丁）が施される。その切り口から味が素材に浸みこみ易くなり、火の通りをも良くし、たとえば、大根の白い色が残っていても、味はしっかりとしみ込んでいる。

日本料理が外国人にもおいしいと評判な訳は、五味プラスうま味の六つの調味料を使う。また、日本料理には誉れ高い、先人の隠し味、隠し包丁などという特殊な裏ワザの知恵があるからだ。

表Ⅶ－１　主な日本料理の源流

種　類	概　　要
大饗料理	平安時代の貴族・公家の社交儀礼で発達した饗宴の料理様式をいう。
本膳料理	室町時代から武家の饗応料理として発達したもので、江戸時代には本式の日本料理とされ、儀礼的な色合いが濃い料理をいう。
袱紗料理	本膳と会席の中間の略式料理をいう。
精進料理	禅寺などの寺で、外来者をもてなすための料理法として発達した。
普茶料理	茶を酒の代用とした中国風の黄檗宗の精進料理をいう。
懐石料理	茶道から発した料理。コース式に供される。本来は茶をたのしむものである。
会席料理	宴席から発生した酒を飲みながらコース式に供される。

出典：山上徹『京都観光学』法律文化社、2007年、122～126頁参照作成。

9　公家の大饗料理

(1)　平安時代の公家料理

日本料理の主な源流は、表Ⅶ－1のような種類がある。平安時代、公家の有職《ゆうそく》による大饗《だいきょう》料理が生み出された。公家社会では年中行事などを祝う儀礼的な饗宴が大饗料理である。今日の神に供える神饌《しんせん》に近いものでハレの料理であった。

(2)　箸と匙で高盛り飯

大饗料理は床子《しょうじ》（椅子）に座って食すること、飯の盛り方は高く盛り上げ、神仏に供える聖なるデコレーションのようにした高盛り飯であった、箸と匙を併用すること、料理数が偶数であることなどから中国の影響を強く受けたものであった。

(3) 公家の宮廷料理の流派の成立

今日、箸と匙を高盛り飯に突き差すことは、タブーな作法といえる。公家の大饗料理は、平安時代に始まった宮廷料理方の生間《いかま》家、室町時代には四条流、大草《おおぐさ》流、進士《しんじ》流などがある。

10 武家の本膳料理

(1) 室町時代の武家料理

日本を代表する格式のある正式の武家料理を本膳料理という。室町時代に始まり、江戸時代に開花した本膳料理は武士のおもてなし料理である。武家の故実《こじつ》とは儀式上・行事上の法式をはじめ、戦場で矢を避ける法など武家の儀式全般にわたる儀式上の法式をいう。

(2) 日本料理の基本的な配膳

本膳料理の配膳形式は、書道における楷書に相当し、正面中央に本膳が置かれ、右に二の膳、左に三の膳、向こう先付け与の膳（四番目は死という忌み言葉を避け）、五の膳という複数の膳によって構成される。本膳料理は五つの膳が並ぶハレの饗膳である。日本料理の基本はこの料理に基づき、会席料理の元祖でもある。しかし、酒はたしなむ程度だった。

(3)　本膳料理の流派の成立

室町時代になると、武家の故実が整い、小笠原・伊勢の両家が特別の地位を占めた。本膳料理の発展に伴って四条流、生間流なども成立した。生間家は足利・織田・豊臣家に仕え、その後、八条宮家に付された。料理包丁道の秘儀を伝授する「四条流包丁書」が著された。

明治維新後、西洋化の流れが進み、現在では冠婚葬祭などの一部の儀礼的な料理として本膳料理は継承されているにすぎない。

11　茶道の懐石料理

(1)　茶の湯の食事

戦国時代から安土桃山時代にかけ盛んになった茶の湯は、千利休（一五二二～一五九一年）が茶の湯の作法を確立した。茶会とは茶と会席を意味し、食事と茶でもてなした。江戸末期頃までは、この食事を会席と称していた。千利休時代の日本人の食は一日二食であった。

禅僧は懐に温石《おんじゃく》を入れ、空腹と寒さを紛らわした。幕末、井伊直弼《なおすけ》（一八一五～一八六〇年）の『茶湯一会集《ちゃのゆいちえ》』などでは千利休の「食は飢えぬほどで事足りる」という精神的な戒めから茶の湯の食事に懐石の文字を当てた。幕末以降、会席と懐石とは区別され、今日、双方の料理の決定的な違いとは何か。

(2) 懐石料理と会席料理の違い

❶ 会席料理

会席は、一般に酒と山海の珍味などの宴会料理を指す。料理はそれぞれの客ごとの器に盛る。その具材は出盛りの旬よりも少し前、季節が予感される「初物・走り」のものを使う。

❷ 懐石料理

一方、懐石は抹茶を飲む前の食である。それは空腹を癒す程度の軽い従の食事であり、抹茶を飲むことが主である。そこで、豪華さや珍しさよりも、最もおいしい最盛期の盛りの旬、または、名残りを偲び味わう。懐石の盛りの旬は話題性に乏しい。しかし、真の季節感を味わい、堪能できる。さらに、旬というメッセージには素材にプラスアルファとして盛り付け、食具の文様にも気配りをする。その際、御膳を使わず、脚のない折敷《おしき》に料理を載せ、箸置きや箸袋も出さない。

(3) 懐石料理はグルメの極致

今日、懐石料理はグルメの極致、豪華な料理の代名詞となっている。そのため、料理店側は大儲けで懐が温まるが、客側の懐は決して温まらず、寒くなる。無駄な飽食の贅沢は資源の浪費、利休時代の食は飢えぬほどにといった茶道の精神へ回帰するべきかもしれない。

12　寺の精進料理

⑴　鎌倉時代の禅僧の精進潔斎

肉の過剰な摂取の現代、健康の原点とは肉食を断つ精進潔斎《しょうじんけっさい》の食生活ではないか。精進とは生臭い魚類・食肉の料理を避け、潔斎とは身を潔らかにし、身体を清め、汚れを心身ともに避けることをいう。これは仏教の修行で邪念を交えず、心身を清める教えによるからだ。

鎌倉時代に精進料理の技術が中国から伝わった。坐禅する宗派・禅宗（臨済宗《りんざいしゅう》・曹洞宗《そうとうしゅう》・黄檗宗《おうばくしゅう》）では、生臭い魚類・食肉をタブーとし、菜食中心の精進料理が発達した。

⑵　現代の定番の通夜ぶる舞いとは

一般人の場合でも、親族の霊の精進の期間が終わると、精進明け、四九日の忌明けに、魚・肉を食べる精進落とし、さらに、精進を始める前に魚・肉を食べる精進固めなどがある。

通夜の場合、弔問客に対し、故人の思い出を語り合う場として通夜ぶる舞いを行う。しかし、近年、精進潔斎に基づく厳格な通夜ぶる舞いが行われていない。一般に、殺生の意識から食肉類はタブー視するも、魚介類は別との考え方だ。定番の通夜ぶる舞いは、刺身、寿司で、お清めと称して酒類も振舞われる。

表VII–2　純粋な日本料理・和食・日本食との違い

		最狭義・国粋 純粋な日本料理	狭　義 和　食	広　義 日本食
モノ	食材産地	国産のみ ナショナリズム	国産ベース グローカル化	国内外 グローバル化
	レイアウト	純和風のこだわり	基本的に和風化	和洋折衷のモドキでも可
コト	調理法・盛り付け等	五法・五色・五味・五覚	五法・五色・五味・五覚	一部日本らしさを温存でも、現地人好みに変容
ヒト	料理人・接客スタッフ	日本人のみ	日本人以外に外国人も可	日本人以外に外国人も可

出典：山上徹『食ビジネスのおもてなし学』学文社、2015年、148頁参照。

⑶　寺院の湯豆腐屋へ観光客

今日、菜食の精進料理は淡白で、ダイエット効果が抜群と、国内外の女性に人気が高い。京都の八百八寺周辺の湯豆腐屋では、連日、大勢の観光客が押し寄せる。しかし、当然ながら、一食の精進料理を食しただけでは見た目の効果は出ない。京都の寺社詣でを続け、精進料理のリピーターとなれば、ダイエットのご利益にあずかるはず。だが、翌日には精進明けの肉食生活に逆戻りする観光客多し。肥満の兆しある前に、肥らぬ先の杖ならぬ、精進料理のみをつねに口にするべし。

13　和食は調理法のみ固有

⑴　和食を五土の要素で分類

今日、食料自給率の低い日本でもあり、和食の五土の要素で分析すれば、食材や場所（モノ：土産、土場）

をはじめ、コト（土時）はほとんど国産・国内とは限らなく、グローバルに調達・提供されている。また、和食の料理人・接客する人（ヒト：土人）も日本人だけでなく、グローバル化している。

(2) 和食は調理法（土法）のみ日本固有

表Ⅶ-2のようにユネスコの無形文化遺産登録の和食とはいえ、唯一、日本のローカルな調理法（コト：土法）が継承されているにすぎない。基本的に、江戸時代以前からの日本の自然・風土・食材・食習慣・文化などから鰹節や昆布、雑魚などからダシ汁をとり、旬の食材をベースとし、素材の風味の良さを引き出すように「五法・五味・五色・五覚」の調理法のこだわりが守られていると確信する。しかし、厳しく吟味すれば、調理法もモドキに現地化しているかもしれない。和食の調理法に基づいた料理の味、色合い、素材の組み合わせ、料理の器、盛り付けは一応、和食の調理法が基本的に継承されているものと考えたい。

(3) グローカルな和食

調理法を除外すれば、食材（土産）をはじめ、時空間（土産・土場）、調理人・接客する「ヒト」（土人）はすでに、日本人以外の「現地シェフによる、現地の時空間」へと拡散し、グローバルである。しかし、唯一、調理法の「コト」のみがローカル性を基本的に守っているはずだ。つまり、和食がグローバル×ローカルを温存したグローカルな状況といえないか。外国人が和食を食すると、箸という食具による非日常体験となり、期待した以上の感動を呼び起こすのだ。

14　六何の法則で和食を分析

(1)　六何の法則から和食とは

無形文化遺産に登録された和食は、「日本人の伝統的な食文化」である。では、「和食」とは何であろうか。米国・リンカーン（Abraham Lincoln：1809～1865）大統領の名言、“Government of the People, by the People, for the People”とあるごとく、和食は「日本人の、日本人による、日本人のため」の料理だろうか。

無形文化遺産の和食を５Ｗ１Ｈ（When, Who, What, Where, Why, How）、いわゆる、「六何の法則」でもって分析すれば、次のようになる。

1　When（いつ）

和食は、江戸時代以前から日本人が食し、日本人が独自で考案した料理形式と規定できる。二〇一三年十二月、ユネスコの無形文化遺産に登録されたが、今後、次世代の人びとへと継承されねばならない。

2　Who（だれが）

和食のステークホルダー（利害共有者）は多岐に及ぶ。たとえば、ユネスコ世界遺産委員会、日本政府をはじめ、農林水産・観光関連業者、国内外の和食の提供者（料理人・接客人）、和食を消費する国内外の人びとなどから構成される。とくに、日本人すべてが対象になることを認識せねばならない。

3 What（何を）

無形文化遺産の登録自体は和食と食文化、民俗慣行、年中行事の保護、日本人の食育などによって和食文化を保護し、次世代へ継承するための契機としなければならない。

4 Where（どこで）

和食の提供する場所は、近年、日本国内のみではないことは明らかである。無形文化遺産登録の結果、さらに、和食の提供・消費する場所がグローバルに拡散化することが予測される。

5 Why（なぜ）

日本の食文化は固有の文化であるが、現代日本人の食生活は急激に変化している。しかし、是非とも、次世代へ食文化の保護・継承が必要不可欠な時期にある。無形文化遺産登録というお墨付きはビジネス・チャンスと捉え、国内外の人びとへ和食の価値を発信する機会も多くなっている。

6 How（どのように）

和食が無形文化遺産に登録された背景は、共同作業の稲作を中心として成立した日本固有な「五法・五色・五味・五覚」に基づく。それは料理技術、室礼、味付け、食べ方、食器への盛り付け方、おもてなしの心、もったいない精神などの特徴を有する。日本人一人ひとりが食文化を正しく理解するためにも、まず、各家庭での食育を基本とし、次世代へ継承される環境づくりが必要である。さらに、食文化の研究や国内外へ情報の受発信を積極的に推進する施策が必要不可欠となるであろう。

15　チャカポンに不易流行を

(1)　井伊直弼の愛したチャカポン

一二〇〇有余年の王朝・京都は伝統を守るだけの不易（変わらない）と思いがちである。しかし、京都の伝統芸道は、変わらないままで良いだろうか。

かつて井伊直弼公のあだ名が「チャカポン」であった。「チャ」は茶、「カ」は和歌、「ポン」は能の鼓の音である。直弼は青年期にこれらチャカポンに打ち込んだ。今日でも、京都の伝統芸道にはチャの茶道、カの華道・和歌、ポンの鼓を使う能・狂言・歌舞伎など多彩に存在する。

(2)　チャの茶道の不易流行とは

チャカポンの代表格の茶道を例にし、伝統芸道のあり方を考えてみたい。チャは現代の若者のライフ・スタイルと必ずしもマッチしていない。チャのお点前、飲み方が約束ごとで固められ、型を重視するゆえに、面倒くさいと若者は嫌う。まさに、現代の若者は不易のままのチャでは、アレルギーを増幅させる。

とはいえ、日本文化の魂でもあるチャの精神（目的）は不変で不易が大前提であるべきだ。しかし、お点前のワザの技法自体は変えないままで継承しているだけでは時代遅れとなる。ワザの技法は本来、目的に対する手段にすぎず、時代の変化に即応し、特に、お点前や道具類は進化させるべきだ。

⑶「精神の不易」と「手段の流行」

チャの目的は不易で変わらなくとも、ワザの技法は歴史にアグラせずに、つねに磨き進化し、変わる（流行）ことが必要だ。明治期以来、正座をせず、椅子席の略式での立礼《りゅうれい》式が各流派にある。そこで、近年、気軽に抹茶と和菓子でお客をもてなす、椅子点前のみを専科とするテーブル茶道が浮上している。それは茶道の精神を不易としながらも、現代に即したテーブルによる椅子点前は正座を嫌う若者や外国人を中心に流行りつつある。

伝統芸道のチャカポンには不易・流行の両面性が必要である。その古くて新しい課題は「目的・精神の不易」と「ワザ・手段の流行」の両面性を背負っている。特に、ワザの技法は柔軟に変更すれば、二一世紀も京都のチャカポンの伝統芸道のグローバルな発展は間違いないはずだ。

16　和食文化を次世代へ

(1)　和食がユネスコの無形文化遺産登録

二〇一三年十二月、ユネスコの無形文化遺産として「和食：日本人の伝統的な食文化」が登録された。近年、無形文化遺産登録というお墨付きを得たことで、たしかに、和食の人気が高まった。一方、日本のコメ、野菜、肉及び魚などへの関心も高まり、輸出量を増やすという成果も次第に見られる。

しかし、日本では食生活の洋風化がまん延し、伝統的な和食を食べない子供らが多い。人間の味覚は子供時代に慣れ親しんだ味が年配になっても継続するという。ハンバーガーやフライド・チキンなどを食している子供らは、恐らく六〇歳代になっても同じような食べ物を好む。日本人であってもご飯、味噌汁、漬物、魚の煮物、野菜の煮しめなどを食しないことが起こり得る。

(2)　次世代へ和食を継承する食育を

政府が和食をユネスコの無形文化遺産に登録申請した主たる理由とは、日本の農産物などを外国へ売り込んで「ビジネス・チャンス」とすることよりも、むしろ日本の伝統的で固有な食文化という遺産を保護・継承することにあった。それゆえ、日本人に対し、和食への関心を呼び戻し、日本人らしい食生活を継承させるには、次世代を担う子供らを積極的に年中行事などへ参加させるべきではなかろうか。

(3)　食育は家族が基本

子供の食育は、学校だけでなく、「可愛い子には旅」と同じく、地元の祭・イベントなどに参加し、地域の年寄りの方々などとの交流を通じて他人から指導されることがより効果的である。しかし、食育は、本来、家庭のしつけが基本である。ゆえに、家族で一緒にクッキングなどを楽しむ機会を増やすことが必要かもしれない。

17　食育は家庭が一番

(1)　食育が大切なり

次世代を担う若者らには食への適切な判断力を培う食育が必要不可欠である。食育という言葉は石塚左玄『化学的食養長寿論』(俗称・食物養生法、明治二九年刊行)において「体育智育才育は即ち食育なり」に由来する。食育は人間の心身の健全な成長に食がどのようにかかわり、適切な食や食品が、いかに大切か。さらに、日本の食事情がどのような状況であるかを理解し、食が人間形成にいかに重要かを育むことだ。

(2) 食育は学校教育だけで良いか

食育基本法（法律第六三号、平成十七年七月施行）では食育を生きるための基本的な知識であり、知識の教育、道徳教育、体育教育の基礎になるものと位置づけている。子供らは食せること、食することに理由を知り、食し方を学習すべきである。しかし、人間が生きる基本となる子供の食育は行政・学校依存型だけでは、絶対に不十分であり、解決できる問題ではない。子供の食育は他人にまかせでは無責任であり、家族が中心であるべきだ。

(3) 食育は家庭のしつけが一番

子供は誕生した当初から乳を飲み始めるが、すでにその時から母親から授乳の食育を受け、学習している。乳幼児から食育は家庭を主軸にし、しつけ・指導される。子供に対するしつけは、一定の枠にはめ込み、矯正する指導が必要となる。しかし、未だ型を身体で学習していない白紙の状態の子供らには、親・家族などが日頃から食育に関するしつけを繰り返し、身に付けさせるべきだ。

しかし、現代日本の多くの家庭では、核家族化が進み、代々親から直接、教わるべき家庭のしつけが行われなくなり、子供の食育は崩壊してしまっている。

さらに、いつでも、誰とでも自由に話せるSNSなどの文明の機器が普及し、生活が便利になった。しかし、逆に子供らは、最も身近に生活している家族とのコミュニケーションの灯が消えてしまっている。

とはいえ、今後とも、家族が子供の食育の中心であるべきだ。子供のしつけは日頃から家族団らんの機会を増やして行われるべきである。スマホ世代は灯台ならぬ、携帯下暗《もと》しとならないためにも、家庭を中心とした食育の灯を輝かせ、子供のしつけが徹底されることを願いたい。

Ⅷ　特産料理で地方創生を

1　食の不満とこだわりの五土の要素

(1)　食材の均質化とこだわり

近年、グローバルな物流システムが発達し、世界中、いつでも、どこでも同一の食材・食品・調味料が簡単に入手可能となった。国内では他の地方との食材（土産）の差別化は難しく、食材の地域差もなく、均質化している。しかし、地元固有の自然風土・食材・食習慣・文化を活用にし、地元の人びとの創意工夫により、こだわりの特産料理が創造できれば、差別化が可能であり、観光客に受け入れられよう。

(2)　食事環境に対する不満の改善

人気の高い日本食でも、不満を感じさせることがしばしば起きている。食ビジネスの現場では、お客からの「不便・不満・不愉快・不利益」などのクレームが起こる。お客が不満を感じるならば、その土地そのもののイメージを低下させ、マイナスの宣伝材料となる。

①　温かい料理が冷たい、冷たい料理が温い。
②　土産としての食材のこだわりがない。
③　土法として料理法にも特徴がない。

④　加工済みの代用品を使い、手づくり料理を掲げる。

以上のように、地元の食材・場所（モノ：土産・土場）、地元に伝わる調理法・適時性（コト：土法・土時）、その土地の料理人・接客人（ヒト：土人）の食事環境のこだわりが存在しない場合、不満となる。このような不満に対し、これらを改善せずにはお客は決して満足しないであろう。

⑶「五土の要素」のこだわり

地元の特産料理や食文化の資産価値は、土産・土法プラスアルファとして総合的な食事環境の差別化が必要だ。

①　土産：「その土地でとれた食材」

②　土場：「こだわりの場所」

③　土法：「その土地に伝わる調理法・接客法、その土地の食べ方」

④　土時：「ゆかりの時間・時期」

⑤　土人：「その土地の料理人・接客する人」

という五土の要素のこだわりがあるか否かだ。費用対効果というコストパフォーマンスを高める必須の課題は、五土の要素として料理自体の価値、品質の高い個別的な接客、さらに、店舗の雰囲気・イメージなどが判断基準になることを忘れるべきではない。

2　新幹線の駅弁が消えるかも

(1)　関東と関西のこだわりの特殊弁当

鉄道の旅を彩る駅弁も、普通弁当の中身の具材はどこもかなり類似している。たとえば、幕の内弁当の定番の具材は、「卵焼き、蒲鉾、焼き魚」である。一方、地元特産の食材を活用し、味付けなどによるこだわりの特殊弁当がある。

■1　関東の食肉需要と駅弁

関東と関西では食文化が違うため、肉系の具材の特殊弁当では地域差がでる。昔から関東では、農作業に早足の馬を使っていた。また、関東平野は関東ローム層でさつま芋や麦の栽培に適した。農家は首都圏の旺盛な食肉需要のために、豚の飼料用のさつま芋や麦で養豚業を営んだ。そのため、豚肉（土産）のシュウマイ弁当（横浜）、とんかつ弁当（熱海）、ヒレカツ弁当（藤沢、豊橋）などの駅弁がある。さらに、関東ではとんかつ屋やポーク・カレーの店舗が多い。

■2　関西の食肉需要と駅弁

他方、農作業に牛を使っていた関西では、食肉需要の増大で牛を肉牛（土産）へと転用した。関西では、松阪牛（三重県）、近江牛（滋賀県）、神戸牛（兵庫県）などのブランド牛がある。駅弁には、牛丼弁当（京都・神戸）、神戸ビーフ・ソテー弁当（神戸）、牛ずし（岡山）などと牛が多い。さらに、関西人はビーフ・カレーの方を好む。

(2) 地元の駅弁の絆を忘れず

関東や関西の肉系の具材の駅弁だけでなく、全国にそれぞれの特産野菜・海産物の具材を活用した特殊弁当が多く存在する。弁当は新幹線や特急でも売っているが、地元の食材（土産）を食すると身体に良いという「身土不二の思想」からも、地元の特殊弁当の駅弁との絆を忘れないようにするためにも、ご当地の駅弁の味を楽しんで欲しいものだ。

(3) 新幹線内で飲食禁止か

今日、駅構内の売店で駅弁を買って新幹線に乗り込み、駅弁を食べる楽しみがある。しかし、隣席などの乗客が弁当のにおいを快い匂いとは感じないで、不快な臭いと捉える。最近、車内での食事を禁止して欲しいとの要望が多い。新幹線の車内販売でも駅弁は売っているので、車内で食べて楽しむことは認められている筈だが、車内で食事のトラブルが後を絶たない。二〇一七年三月のダイヤ改正で東海道新幹線では喫煙車が姿を消した。旅の風情がなくなり、味気ないが、新幹線の車内では、今後、「食事、飲酒禁止」となる日も、時間の問題かもしれない。

3　駅弁のデパ地下化

(1)　交通機関別の弁当名

駅弁は本来、鉄道駅構内や列車内で販売される弁当である。駅弁にあやかり、最近は、空港の空弁、高速道路の速弁、道の駅の道弁などの多様な弁当が登場している。しかし、交通機関の高速化は、乗車時間を短縮し、移動中の食事の必要性が減少している。

(2)　デパ地下の弁当

駅弁はその地域の様々な食文化や地元の味覚（土産）が小さい箱に凝縮され、詰められている。東京・上野松坂屋では一九五九（昭和三四）年、駅弁大会を最初に行った。その後、全国のデパート、スーパーなどでは名物駅弁や新たな創作弁当などを集め、実演販売する駅弁大会が催されている。デパ地下などの弁当は自宅で食するテイク・アウトだけでなく、駅直結型のデパ地下も多くあり、旅行客らも多く利用している。

新幹線開業により、新たな駅弁も誕生した。たとえば、新函館北斗駅では「大玉ほたてと大漁ウニ弁当」、また、金沢では「のどぐろと香箱蟹《こうばこがに》弁当」が発売された。

(3)　B級グルメ弁当

駅弁は希少な海産物の具材や高級グルメな弁当だけでなく、最近はB級グルメ、たとえば、「極富士宮やきそば弁当」、八戸の「せんべい汁弁当」、甲府の「甲州とりもつべんとう」などが名物弁当として関心を集めている。

(4)　弁当の差別化

駅弁の売れ行きは当然、具材（土産）や調理法（土法）、時節（土時）、容器・包装、価格などの五土の要素のOnly Oneの差別化がコストパフォーマンスの勝敗を決定する。特に、地元の特色やこだわりの差別化の弁当が確実に売上げを伸ばしている。

4　商店街、道の駅に負けるな

(1)　道の駅のにぎわい

道の駅は地方創生を具体化させる有力な手段として、国土交通省では、地方創生の核となる先駆的な取組みを選定し、重点的に支援している。また、農林水産省も、地域の農業の付加価値を向上させる第六次産業化を推進し、雇用の確保の面から道の駅を奨励している。

道の駅は「休憩、情報発信、地域の連携」を推進する。二〇一七年十一月現在、全国に一一三四ヵ所ある。道の駅自体は地元の特産物や観光資源を活かしてヒトを呼び、集め、地域に雇用の機会を生み出すことで設置されている。道の駅の中には地元物産館、体験型の各種のイベントを開催し、ドライブ観光の拠点的な役割を担っている。道の駅は地元の農産物の販売量を拡大し、雇用を創出する成功例も多く、地方創生に貢献している。

(2) 道の駅の運営のジレンマ

道の駅は市町村が設置し、一方、運営そのものは市町村が指定管理者にした企業や団体が担当する場合が総数の約七〇%である。そのため、道の駅の経営が好調で黒字になると、地元商店街から地元商業を圧迫しているとの批判がでる。他方、道の駅が赤字では税金の無駄遣いと批判されるので、結局、双方の批判が出ない程度の水準に甘んじる事例が多い。

(3) 商店街などとの競合

商店街と道の駅との役割は双方が棲み分けし、共存共栄の可能な領域も多くある。本質的には、現代社会の組織経営は市場原理によって健全な発展が実現していることを忘れるべきでない。最後に、大きな夢をかかげ、道の駅なぞに負けるなと、商店街に檄《げき》を飛ばしたい心境である。

5　京の川床で「涼」を楽しむ

(1)　京の「涼」の川床

三方を山で囲まれた京都の夏は盆地特有の蒸し暑さがある。しかし、「涼」という字はサンズイに京と書くように京の川床が最も涼しい場所だ。貴船《きぶね》・高雄の川床は「かわどこ」と読み、一方、鴨川では「高床《たかゆか》」が省略され、「かわゆか」や「納涼床《のうりょうゆか》」と称する。貴船・鴨川などの川床は五月（高雄は六月）一日～九月末日が営業の期間、京都ならではの夏の涼の風物詩が堪能できる。

(2)　貴船・高雄の川床

貴船は、鴨川を遡った源流に位置し、京の奥座敷だ。貴船は都心部と五度から十度の温度差がある。清流を跨ぎ水面より数十センチ上に作られた桟敷での川床は風流プラス天然のクーラーの清涼感で鮎・鯉・石伏魚（ゴリ）といった川魚料理などが味わえる。

(3)　鴨川の川床

鴨川の川床は豊臣時代、鴨川の浅瀬や中洲に床几《しょうぎ》（縁台）を出し、遠来のお客をもてなしたことに由来する。昔は鴨川の東西両岸に川床が出ていた。しかし、鴨川の東側は西日が直接に射し込み、夏期は暑い。そこで、現在、鴨川納涼床は「鴨川の右岸の二条大橋から五条大橋までの区間において、飲食を提供するために設置される高床形式の仮設の工作物」(京都府鴨川条例一四条)で、鴨川に沿って流れる禊《みそぎ》川を挟む西岸のみだ。つまり、上木屋《かみきや》町、先斗《ぽんと》町、西石垣《さいせき》、下木屋町エリアにおいて高床の川床が連なる。

(4) 川床は京の弱みを強みへの知恵

夏場の鴨川では川原のせせらぎに憩い、集い、かつ、川床では京料理に舌つづみを打つ人びとでにぎわう。この集客力は蒸し暑い夏場の京の弱みを清涼感の演出で強みに転化した知恵(精神)だ。弱みを強みに変えた京都人の逆転の発想を是非、全国各地のまちおこしでも真似るべきだ。まちおこしの精神は「することの失敗」を恐れず、「しなかった失敗・責任」がはるかに大きいことを脳裏に焼きつかせるべきだ。

6 「若者・馬鹿者・よそ者」の目線で

(1) 体験型観光商品づくり

近年、テレビなどでインバウンド観光の報道が連日、絶え間ない。日本を訪れる外国人観光客は何を期待して訪れているのであろうか。

訪日観光客にとって、既存の文化財などを、単に見て回るだけでは日本を魅力的とは思わないだろう。そこで、訪日観光客を増加させる上で、ストーリー性があり、体験型・交流型の要素を取り入れた観光商品づくりが全国各地で強く望まれている。

(2) 目線の異なる人材探し

まちおこしの現場では、「若者・馬鹿者・よそ者」という異質な三者を巻き込んだ観光商品づくりが摸索されている。それはなぜかといえば、次のような要因からである。

❶ 柔軟な若者

若者は、慣習に捉われずに、かつ、柔軟な発想でチャレンジ精神を発揮するエネルギーがある。

❷ 奇想天外な馬鹿者

馬鹿者は、いい意味での「馬鹿」であり、信念を持ち、打ち込み、いわゆる天井にぶら下がる蝙蝠《こうもり》のごとく、逆さまの目線で物事を見、奇想天外なアイデアを提案できる。

❸ シガラミを知らないヨソ者

ヨソ（外国人を含む）者は外から目線で、客観的にその土地の欠点や長所を捉え、貴重な提案ができる。

「若者・馬鹿者・よそ者」は、それぞれの目線で現地の現場の眠っている文化の魅力を発見し、まちおこしとなる観光商品づくりが展開できる。しかし、現場の適切な情報もなく、白紙の状態の思い付きのアイデアだけでは必ずしも成功を導く成果が挙げられない。まずは、「温故知新の考え方」で現場の実態を掌握するべきだ。

(3)　知新から創新のアイデア

「若者・馬鹿者・よそ者」は現地の埋もれた文化を学習し、その価値や意義を正しく認識し、来訪者のニーズに適合させるべきだ。とりわけ、大胆なアイデアや味付けとなるストーリー性が加味できれば、「知新から創新へ」の独自性の高い観光商品づくりが提案できること間違いなしだ。是非とも、地方創生となる観光商品の創造を「若者・馬鹿者・よそ者の目線」で開花させ、地元益から国益へと発展する提案をして欲しいものだ。

7　地方創生は異業種のプロの目線を

(1)　松花堂昭乗と煙草盆

江戸時代初期、石清水《いわしみず》八幡宮（京都府八幡《やわた》市）の社僧で、書家・茶人・歌人・画人として名高い松花堂昭乗《しょうかどうしょうじょう》（一五八二〜一六三九年：生年に諸説在り）が八幡の芸術文化を花開させた。

この昭乗は、農家の種入れに使っていた十字に仕切った器をヒントに、茶会用の煙草盆や絵の道具箱を考案した。

⑵　吉兆の湯木貞一と弁当箱

一九三三（昭和八）年、日本料理「吉兆」の創業者・湯木貞一《ゆきていいち》（一九〇一〜一九九七年）が八幡の地を訪れ、昭乗の好んだ「四つ切り箱」に興味を抱き、器の寸法をやや縮め、縁を高くし、素材同士の味や香りが混ざらないように四つ切り箱の弁当を考案した。

この四つ切り箱を好んだ昭乗に敬意を払い、「松花堂弁当」と名付けた。その後、このスタイルの弁当が「松花堂弁当」として世に広まった。

⑶　異業種のプロの目線のアイデアを

近年、観光まちづくりにおいて、長年、住み慣れた地元の人びとと異なり、奇想天外な発想をする人びととして「若者、馬鹿者、よそ者」が歓迎されている。彼らの目線のアイデアは新機軸を打ち出すパワーとなる。しかし、彼らは素人ゆえ、例え採用しても、ビジネスとして成功する確率は一般的に低い場合が多い。

一方、昭乗も湯木貞一も単なる素人ではなく、異業種のプロであり、彼らのアイデアからの成果は多大であった。それゆえ、観光まちづくりでも既成の概念に捉われない異業種のプロのアイデアを活用できれば、新たな観光資源が創造できる可能性も高いはずだ。

8　ジブエ料理は割り下プラス食事環境を

(1)　鍋料理と割り下

鍋料理をおいしく食べるには、具材（土産）の良否だけでなく、煮汁、たれ、薬味などの割り下の調味料が重要なポイントとなる。割り下とは割り下地の略語。それは煮ダシ、スープなどをみりん、砂糖、醬油などの調味料を適宜に調合した汁をいう。

調味料の割合により、濃い割り下と薄割り下がある。濃い割り下はスキヤキ、柳川鍋、鴨鍋、親子丼・深川丼などに使われる。淡白な薄割り下は寄せ鍋、魚すき用でつゆ、ダシと呼ぶ。

(2)　関東と関西との割り下の違い

関東人は、一般にせっかちな気質で、すでに味付けされた割り下を好む。関西ではお客自身が砂糖、醬油などを調合する味付けを好む。しかし、今日、割り下の多くは市販の出来合いのものか、または、店独自の割り下が歓迎されている。

(3)　猪鹿鳥のジビエ肉と割り下プラス食事環境を

最近、多くの里山では、猪鹿鳥《いのしかちょう》などの野生動物が異常繁殖し、山林・田畑では被害が続出中だ。

よって、捕獲した猪鹿鳥を地域ブランド（土産）のジビエ肉（加工品も含む）として売り出し、村おこしに有効活用したいという自治体も多い。

猪鹿鳥のジビエが畜肉のおいしさに優るには、ジビエ肉のみを売るよりも、独自の割り下プラス地元の特産の食材とのレシピづくりをし、抱き合わせ販売（土産・土法）をする方が効果的だ。さらに、地元のゆかりの時空間（土場・土時）や地元の方言を交えた接客（土人）などの食事環境をも改善するべきだ。

たかが猪鹿鳥、されど地元固有のジビエ料理の Only One の味は「超うまい」と評価されれば、熱烈なファン層が増える。その結果、ジビエのブランド力と同時に、必然的に農産物の需要も高まり、村おこしは決して夢ではないかもしれない。

9　地方創生は大根役者では勝てぬ

(1)　多様な大根の産地

大根（土産）は生食、煮物、漬物、切干しなどのような調理法（土法）で味わえる。また、様々な大きさや形の品種がある。たとえば、大ぶりな桜島大根、女性の足の太さに例えられる練馬大根、京都の冬を象徴する千枚漬けの聖護院大根、三浦半島の三浦大根、金沢の源助大根などと多彩にある。

(2) 大根役者とは

大根役者とは演技の下手な役者をいうが、それはなぜであろうか。大根とは生で食べても煮て食べても滅多に食中毒にならないがゆえ、芸の下手な役者は当たらないと皮肉った説。また、大根はどこを切っても真白いので、素人にかけた説。さらに、演技が素人同然で、技量が乏しく舞台に出ると、場が白けたという説などがある。

(3) 地方創生と特産品の開発

近年、地方の観光創生が叫ばれ、自地方を活性化したいと、その切り札として特産品の開発が摸索される。農産物をそのまま出荷するよりも、地元で加工し、販売まで手掛ければ、特段に儲かるという第六次産業化の論理に踊る。たとえば、大根だけを販売するよりも、漬物などに加工・販売すれば、付加価値が高くなり利益を生む。

(4) 大根役者では千両役者に勝てぬ

素人が加工した漬物が必ず売れるかといえば、そうは問屋が卸さないのが市場原理だ。下手なにわか大根役者の素人が補助金欲しさで開発した模造品で市場参入しても、すでに千両役者の老舗ブランドとの競争では、惨敗してしまうだけだ。

地方の観光を創生するには例え大根とて、こだわりの千両役者の老舗の商魂までも真似ているか否かが勝敗を決定づけるのだ。

10　地方独自の土産品づくりを

(1)　みやげの由来

みやげは、Ⅳ－15で述べたように四世紀頃の大和朝廷の直轄領の役所が土地から収穫した穀物を保管した屯倉に由来する。その土地の名産を税として取り立て、その後、国許へと運ばれたことから、今日の土産という字となった。（諸説在り）

(2)　不当包装は国益を損なう

昔の観光地の土産品は、見た目より実際の容量が少ない上げ底が多かった。また、不当包装、過大包装が普通だった。しかし、現代では商品の中身は当然、適正な包装・原産地などの表示は厳守されるべきだ。それを軽視すると、観光業界が信頼を落とすだけでなく、国益さえも損なう重大な問題だ。

近年、日本の地方都市は人口減少期を迎え、外国人の消費の取込みは避けて通れない重大課題だ。

(3) その土地固有の産物

訪日外国人は土産品に何を購入するか。従来から日本の伝統工芸品、アニメや漫画などといったクールジャパンの商品が対象であった。しかし、今や日本的な工芸品に限定されず、外国人はその都市固有の土産品に関心を示す時代に変わってきた。

お土産は字の原点のごとく、まさに土地固有の産物に基づく。外国人の土産品への関心は、この土地でしか購入できない独自の地元産品であり、限定品か否かが重大なポイントだ。

(4) 売れ筋の模倣土産品の山

地方都市では、外国人が真似できないモノづくりのワザや固有の産品がある。しかし、得てして日本人は他都市の売れ筋を真似、One of Themとなりがちだ。是非とも、模倣品ではなく、その都市独自の土産品づくりが望まれる。しかし、なぜか、日本の土産品事情は売れ筋と類似の画一化された土産品の品揃えばかりと、嘆きたくもなる状況だ。

11　第六次産業化への成否の鍵は

⑴　第六次産業とは

農林水産業は元来、自然と一体で生産活動を行う第一次産業である。しかし、近年、農林水産業は、新たに第六次産業への脱皮が提唱されている。第六次産業という「六」という数字は、二つの考え方に基づく。

①　掛け算の産業化：第一次×第二次×第三次

乗ずる（×）六は農林水産業者が他の産業へも主体的にかかわった起業化を意味する。

②　足し算の産業化：第一次＋第二次＋第三次

②の足し算の六次化は、生産・加工・販売の個別ビジネスの多角経営になりがちだ。しかし、①の掛け算は、川上ビジネスである第一次産業が主導し、第二次・第三次産業までも統括し、個別のビジネス以上の相乗効果を発揮するという第六次化を意図するものだ。

⑵　掛け算の第六次産業化を

この全産業を網羅する掛け算の①の場合は、足し算する以上に、総合力の強みが発揮できる。それは、まず、食材の味・形状・色合い・鮮度・均質性などにこだわる第一次産業が起業化するべきだ。また、食材のブランド化、加工食品の製造、さらに、消費者への直接販売、宿泊・飲食経営といった観光事業などへの参入を展開するべきである。

(3) 補助金目当てで第六次産業のソフトを真似る

第六次産業化の多くは、国からの補助金欲しさに成功事例のやり方（ソフト）だけを模倣しがちである。二番煎じのOne of Themでは、必然的に、失敗の可能性大となり、いかにしてOnly Oneの差別化ができるか。

(4) 成功例で真似るのはヒトの気概を

では、第六次産業化する際、成功事例から何を真似るべきであろうか。それはハードやソフト面よりも、むしろ、失敗を恐れず、果敢に挑戦しているリーダーの気概（ヒト）に尽きる。さらに、同調者らとの人間関係やチーム力などを真似、挑戦するべきである。第六次産業化の改革を成功させるには、成功事例のリーダーやチームワーク力というヒューマンな精神面を是非とも、真似るべきだ。

12 食材の国産志向への反省を

(1) グローバルの食材の調達

近年、日本人の多くは開発途上国の食材が出回り過ぎるため、それらと比較して国産品の品質が良いと、また、天然産の方が養殖よりも勝ると頑なに信じ込んでいないであろうか。グローバルな「ヒト・モノ・カネ」が移動できる現代、南半球の素材だと、季節・旬が反対の側からも食材の輸入が可能である。旬の時期が異なり、質的に国産と遜色ない食材が調達可能である。

(2)　国産の食材よりも固有の食事環境を

食材はグローバルに調達できることを活用するべきだ。例え国産の食材でなくとも、外国産の野菜やフォアグラを使った日本料理があっても面白く、その方がおいしい場合もある。また、食材が養殖であっても、天然以上においしく味付けすることは不可能なことではない。要は、輸入食材を活用し、こだわりの調理法、さらに、五土の要素の食事環境への適否が問われることになる。

輸入食材（他産）を用いた料理でも、腕の良い調理人（土人）がいるならば、こだわりの調理（土法）、さらに、店舗の快適度（土場）、適時な季節感の雰囲気（土時）、おもてなしのローカル・ホスピタリティの接客（土人）という五土の要素が適切であれば、消費者のコストパフォーマンスが下がることはない。特に、訪日外国人は、日本固有の食事環境下で料理に違和感を持つというよりも、むしろ好奇の目で食を楽しむだろう。

(3)　輸入食材には安全・安心の問題点

たしかに、輸入食材依存には多くの問題点がある。たとえば、輸入農産物のすべてが農薬漬けとは限らないが、残留農薬が心配である。輸入食品の安全・安心は重要課題である。

輸入食材よりも、地元で生産された様々な食材をその域内で消費する地産地消、また、地元の食材を食すると、身体に良いという身土不二の思想などのごとく、食の安全・安心には「顔が見える国産・地元産」がベストかもしれない。

(4) 日本人の国産志向の反省を

高度成長期以前は舶来品に無条件に飛びついた日本人だったが、今や「割高でも国産品を選ぶ」時代となった。そのため、日本人の国産志向・天然志向を悪用した食材の偽装問題が後を絶たない。それゆえ、日本人の国産志向・天然志向に対し、反省するべき時期であることも、たしかだ。

13 日本は食料自給率がなぜ低いか

(1) 自給率

日本の食料の安全確保を考えるにあたり、食料自給率の向上がある。自給率とは、コメを例にすれば、国内で流通しているコメに占める国産米の比率、つまり、総供給に占める国産の比率を表す。食料自給率は日本人が食べている食料の内、国産でどの程度が賄われているかを指標化したものだ。

⑵　食料自給率の算出

日本の食料自給率は、表Ⅷ-1のように供給熱量ベース（カロリー）及び生産額ベースに基づく総合食料自給率と品目別自給率において算出できる。

❶　供給熱量ベース（カロリー）

農林水産省の食料自給率に基づけば、一九六五年、供給熱量ベース（カロリー）で七三％であった。近年四〇％前後で推移していたが、二〇一六年度、三八％と低い。

一九六〇年代の食料自給率は七〇％を超えていたのに、なぜに供給熱量ベース（カロリー）の数字が低くなったのか。その理由は、輸入飼料で飼育された畜産物が自給率に反映されているからだ。飼料の内、四分の三が輸入飼料であっても、国産としての肉類の消費の内、自給率に算入されているのは四分の一だけである。カロリーの低い野菜や果物は品目別に自給率が高くとも、自給率全体に占める比率は低くなる。

❷　生産額ベース

日本の生産額ベースでは一九六五年度の八六％から低下傾向で推移し、二〇一六年度は六八％となっている。生産額ベースの自給率は国の農業の経済力を表し、付加価値の高い作物を国内で生産すれば、自給率は高くなる。このように自給率自体は基準値が異なれば、その数値が異なることになる。

表Ⅷ−１　食料自給率の計算方法

供給熱量（カロリー）ベース総合食料自給率	日本に供給されている食料のカロリーの内、国産でまかなわれているカロリー $\frac{\text{国民１人１日あたり国産供給熱量（Kcal）}}{\text{国民１人１日あたり総供給熱量（Kcal）}} \times 100$
生産額ベース総合食料自給率	食料の経済的価値、国産食料の国内シェアを見る指標 $\frac{\text{国内生産額（円）}}{\text{国内消費仕向額（円）}} \times 100$
品目別自給率重量ベース	各品目ごとの自給の度合いを量・重さにて把握できる $\frac{\text{国内生産量（t）}}{\text{国内消費仕向量（t）}} \times 100$

出典：www.maff.go.jp/ 食料自給率（最終アクセス 2018 年１月５日）。

⑶　日本の食料自給率は、なぜに低いのか

日本の食料自給率は、先進国の中でも、最低水準である。日本の自給率の低下の原因は、日本人の食生活がコメ中心の食事でなくなり、肉や小麦主体の洋食へと変化した。

自給可能な米の消費自体が減少し、一方、国内生産が困難な飼料穀物のとうもろこしや油料原料を使う畜産物や油脂類の消費量が増え、外国からの輸入に依存している。しかし、反対に食料の輸入額よりも日本の輸出額が多ければ、食料自給率は高くなったはずだ。つまり、日本の食料自給率が低い最大の原因は、農業行政がコメ中心であり、他の農産品の輸出力が極端に、弱いからだ。

⑷　世界の食糧危機に日本は備えなし

現在、日本人は、好きなものを好きなだけ食べる飽食時代を謳歌している。しかし、それはいつ崩れ去るかと

いう危険性をはらむ。今後、世界の人口は増加し続け、さらに、戦争・紛争などが勃発する可能性もある。この乏しい自給率の食事情からして、胃袋を世界に預ける日本は食糧が輸入できなくなり、深刻な食糧危機を迎える可能性が大である。天災は忘れた頃に必ずやって来る、備えなしでは飢えは時間の問題かもしれない。

Ⅸ　地元の特産料理を楽しむ

1　ジンギスカンは北海道か

(1)　ジンギスカンの名の由来

日本では羊肉料理といえば、ジンギスカンで、それは北海道の郷土料理の代表と認識されがちだ。その場合、ジンギスカンの名称はモンゴル帝国を建てた英雄チンギス・カン（成吉思汗：一一六二〜一二二七年：生年に諸説在り）が遠征中、兵士に食べさせた料理と勘違いしている人びとが多いように思う。また、それが日清戦争後に、北海道へ伝わったと信じていないか。

しかし、モンゴルの遊牧民の料理のルーツに、そのような料理は存在しない。実際には、旧満州に居住した日本人が野外で羊肉を焼いて食する中国の烤羊肉《カオヤンロウ》に着目し、それを日本人向けにアレンジし、ジンギスカンと称したもののようだ。

(2)　おいしいジンギスカンの食べ方

ジンギスカンの食材は羊肉と野菜を主にし、それを鍋で焼く。その鍋が鉄兜のような凸型は中央部で薄切りの羊肉を焼き、溝に沿って下へと滴り落ちる肉汁で野菜を味付けする趣向だ。羊肉には成羊肉のマトンと永久歯が生えていない生後一年未満のラム肉とがある。牧草特有のにおいが強い羊肉ではあるが、あまりにおいが気にならないヒトは値段の安いマトンを食べると良い。

においが嫌なヒトは柔らかいラム肉を食べれば、羊肉の特有のにおいの抵抗感が少なくなるだろう。

(3) ジンギスカンの勢力図

近年、川原や海の砂浜などでジンギスカンを楽しむ人びとも多い。また、鳥インフルエンザやBSEの恐れから牛肉の輸入がストップした際、羊肉がブームとなった。現在、そのブームも終わっている。しかし、羊肉には脂肪を燃焼させるカルニチンが含まれているので、ダイエット効果は抜群で健康に良い。

モンゴル帝国を率いたチンギス・カンの名は、日本では羊肉料理として蘇った。今やジンギスカンの勢力図は日本全土に浸透中ではあるが、しかし、日本食肉市場を完全に征服したといえるか。日本では他の精肉と比較し、羊肉の消費量はあまり高くなく、残念ながら、それは臭いの所為からか、未だ制圧できていないといえる。

2 囲炉裏で鍋料理を

(1) 鍋料理の季節

雪が降る冬場には身体の芯まで温まるようなあつあつな鍋料理が恋しくなる。鍋料理には、たとえば、北海道の石狩鍋、秋田のあぶりきりたんぽ、きりたんぽ鍋、また、魚醤《ぎょしょう》の味付けのしょっつる鍋など、様々な種類がある。鍋料理は囲炉裏を囲み家族団らんを楽しめる。

(2) 囲炉裏は団らんの場

ひと昔前まで日本人の暮らしで囲炉裏は生活の多くの場面の中心であった。囲炉裏の炎の上には自在鉤《じざいかぎ》に吊るされた鍋を家族皆で共食する。また、囲炉裏は料理・食卓の場のみならず、その囲炉裏の火の炎は、照明器具、暖房器具及び茅葺きの屋根のわらの中の害虫を燻《いぶ》す燻蒸《くんじょう》効果もあった。

火の炎で夜なべ仕事をし、また、家族や近隣の人びとが囲炉裏を囲み集まり、対話する地域のコミュニティーの場ともなった。その際、着座する位置も決まっており、家族内でも序列が明確に存在していた。特に、囲炉裏の鍋を囲み「一家水入らず」「わが家の味」「おふくろの味」を家族で共食する貴重な団らんの場であった。

(3) 囲炉裏を囲む共食の家族旅行を

現代は核家族化が進み、子供らは親、年寄りなどとの団らんがないため、しつけが全くできていない。

そこで、囲炉裏のある温泉地の宿などへ出かけ、かつての団らんの場である囲炉裏生活へタイムスリップする体験をおススメしたい。

囲炉裏を囲み、地元の特産鍋料理を家族皆で共食すれば、不便ながらも、火の炎の価値や家族の絆の大切さが再認識できる。囲炉裏でのぬくもりの鍋料理こそが家族の団らんを楽しむ絶好の機会を演出することは間違いないだろう。

3　きりたんぽ鍋で故郷のぬくもりを

(1)　きりたんぽの由来

秋田の郷土料理のきりたんぽは昔、木こりが山作業で残り飯を長い棒に巻き、味噌をつけて焼いて食べたという説。また、マタギ（猟師）が曲げ木の食器（輪っパ）に詰めた弁当飯をこねて棒先に付けて焼き、山鳥の汁と一緒に食した説などがある。その発祥の地は大館・北鹿《ほくろく》地方である。

きりたんぽを鍋に入れる際、切って入れるので、切りたんぽとなった。そのたんぽとは槍の刃の部分のカバーで、棒に巻き付けた形が似ているからという。

(2)　きりたんぽ鍋の味

きりたんぽ鍋の味の決め手は、比内地鶏の鶏がらのダシ汁がベースとなる。この比内地鶏は、現在、薩摩地鶏、名古屋コーチンと並んで日本三大地鶏である。この鶏がらのダシ汁と酒と砂糖

（またはみりん）、濃口醤油でスープを作り、さらに、野菜、マイタケなどを入れた鍋料理がきりたんぽ鍋である。きりたんぽを囲炉裏の焚き火でこんがりと炙り、味噌付けで焼いたみそたんぽもおいしい。

(3) 秋田ではおもてなし行事食

秋田で新米のうるち米が出始めると、きりたんぽ鍋がご馳走の主役になる。きりたんぽは各家庭の団らん、来客、諸行事などでのおもてなし料理の代表格である。

(4) きりたんぽ鍋で郷愁の食の祭典を

きりたんぽは冬場の秋田県内の学校給食の定番でもある。本場大館きりたんぽまつりやきりたんぽ発祥まつりは秋田県を代表する食の祭典として集客力が高い。だが、きりたんぽのお袋の味を食する場所は鍋から立ち上がり匂う囲炉裏が一番だ。鍋料理で故郷のぬくもりを感じるのは日本人固有のことではないだろうか。

4　新幹線で北陸の食の宝庫へ

⑴　北陸新幹線は観光新幹線

二〇一五年三月十四日に北陸新幹線が開業した。東京―金沢間は最速二時間二八分で結ばれた。この時間短縮は日帰りを可能とするが、和倉温泉・加賀温泉（石川県）などに連泊すれば、日本海の海の幸が連日、堪能できよう。

⑵　北陸は食の宝庫

北陸新幹線は観光新幹線ともいえ、食のこだわり観光をおススメしたい。新幹線で駅弁を食するには時間的制約もある。しかし、北陸の駅弁ではます寿し、甘えびめしなどが有名だ。また、富山のほたるイカ、氷見のブリ、能登の里山里海や金沢の台所といわれる近江町市場《おうみちょういちば》の野菜・魚介類等など、さらに、百万石の贅《ぜい》の加賀料理、和菓子などを食する体験が楽しめる。

⑶　さらなる食のおもてなし観光を

北陸のおもてなしする店側の方々に注文を申すならば、首都圏からやって来るお客にはまがいものは通用しない。また、北陸で獲れた食材（土産）を売っているだけでは十分とはいえない。

食の五土の要素のこだわりは食材に対する地元の調理法・盛り付け（土法）、食するに適した時・場所（土時・土場）、さらに、料理人や接客するヒト（土人）の立居振舞いといった総合力からコストパフォーマンスを評価する。北陸の人気を一過性で終わらせず、集客力を高め続けるためには既存の観光資源にアグラをかかず、こだわりの進化・深化を心掛けることだ。

(4) 女性客をターゲット

北陸の食の強みを継続的に発揮するには「食べ・買う」という食通のおもてなし観光（食の旅）を好む女性客をターゲットとした戦略が必要だ。特に、お客との信頼関係を大切にし、おもてなしの食の Only One のこだわりを磨き続けることだ。

5 ゴリ押しならぬ古都・金沢らしさを

(1) 加賀藩の独自文化の金沢・兼六園

加賀藩の前田利家（一五三八〜一五九九年）は一五八三年、金沢城（石川県）に入った。それ以来約三〇〇年間、加賀藩は「武より文」を重んじ、独自文化を育んだ。金沢市の中心部に位置する兼六園は加賀百万石の文化の象徴といえる。それは水戸偕楽園（茨城県）、後楽園（岡山県）と並ぶ日本三大庭園（日本三名園）であり、国内外からの観光客でにぎわう北陸を代表する観光名所である。

⑵ 金沢のゴリ料理の食文化

金沢の食文化にはゴリ料理、治部煮《じぶに》、鯛唐蒸しという金沢三大料理がある。最初のゴリ料理には刺身、唐揚げ、佃煮、白味噌仕立てのゴリ汁などが有名だ。

ゴリとは淡水魚で戦前、「ゴリ呼び漁」は金沢を流れる犀《さい》川、浅野川の風物詩だった。しかし、戦後、河川の整備や環境汚染などもあり、ゴリの生息が激減した。近年は、金沢郊外の河北潟で獲れる潟ゴリがゴリ料理に使われている。

⑶ ゴリ押し商法をなすべからず

ゴリは「石伏魚、鮴」と書くが、吸盤状の腹ビレで川底にへばりついて休む習性がある。ゴリ漁は二人一組で、ブッタイという三角の竹笊《たけざる》と、ゴリ押し板で川底を削るように強引に追いあげるという漁法だ。ゴリ押しとは、この漁法のように無理やり、強引に物事を押し通すことをいう。

（諸説在り）

二〇一五年三月以来、金沢では北陸新幹線の開業効果により、大勢のお客が押し寄せ、旺盛な需要で売り手市場が続く。そこで、「売ってやる」「食わせてやる」とばかりの店員のゴリ押し的な態度が面白くないとのお客の声を耳にする。

(4) 金沢らしいおもてなしを

絶好調の時こそ油断大敵、強引な客商売では引潮のごとく、お客は観光地から離れよう。例え一見さんのお客とはいえ、一期一会のお客との出会いを大切にするべきだ。百万石の城下町金沢らしいおもてなしを心がけ、特に、「買って頂く」「食べて頂く」という心配りを売り手は決して忘れるべきではない。

6 能登の「アエノコト」の村おこしを

(1) 「アエノコト」の由来

能登の「アエノコト」は、二〇〇九（平成二一）年のユネスコの無形文化遺産に登録された。アエノコトとは「アエ=東・饗応」の「コト=祭」を意味する。荒れ狂う日本海側の能登半島ではアエ（東）の風が吹くと、異国からの客人・モノ・文化の伝播、さらに、大漁をもたらす幸運な風であるとも信じられている。

(2) 能登のアエノコトのパフォーマンス

アエノコトは、秋の収穫が終わった後の十二月五日に、姿や形も無い田の神様をさもそこにいるかのように神様との対話を一人芝居で演じる。

この神様は夫婦の二神で、目が不自由なために声をかけて自宅へ招き、まず、風呂場へ案内して入浴して頂く。また、奥座敷に種もみの俵を据えて神座を設け、男神用に普通の大根、女神用に二股大根を供える。饗応の二膳には栗の木の箸が置かれ、「田の神様、今年もお蔭で豊作でした。何も無いけれども、ゆっくりとお召し上がり下され」と挨拶する。その後、ご膳のお下がりを家族で共食する。

アエノコトは、師走十二月五日、田の神様を自宅へ迎え、その後、神棚や床の間で休んで頂く。耕作前の翌年の二月九日には再び、田の神様を送り出すという豊作に感謝・祈願する農耕儀礼である。これらの儀式は宮中の新嘗祭にも通じる。

(3)　アエノコトで村おこしを

この風習は、従来、各農家の家々の信仰心に委ねられた伝承行事であった。しかし近年、「アエノコトの保存会」が設立され、田の神様を迎え、送るパフォーマンスを観光対象化し、観光振興に活用している。是非とも、祖霊の田の神様のご利益により、能登の素朴な農耕儀礼が、集客力のある村おこしになることを期待したいものだ。

7　能登の魚醤鍋で舌つづみ

(1)　魚醤の由来

醤油は食生活で馴染み深い調味料である。今日、米、麦、豆を発酵させ、食塩を加えた穀醤が一般的である。一方、主に魚介類の可食部や内蔵のタンパク質などを原料に食塩を加え、それらを分解・発酵させ、アミノ酸からうま味を引き出す魚醤《ぎょしょう》がある。

(2)　能登の漁師秘伝のいしる料理

日本三大魚醤の原料魚には、秋田のしょっつるはハタハタ（鰰）、四国・香川のいかなご醤油は銀白色の細長いイカナゴ、さらに、石川・能登半島では、日本海側の外浦の「いしる」は、主にイワシやサバを使い、富山湾側の内浦の「いしり」は、真イカの内臓などを良く使う。

能登の漁師秘伝の魚醤はダシや隠し味など多様に使え、素朴な能登の味付け料理には欠かせない。たとえば、サシミやおひたしの調味料、野菜を魚醤で漬けたべん漬け、さらに、アマ海老、寒ムツ、輪切りのイカ、貝類に能登産の野菜と魚醤で味付けした鍋は、おいしく舌つづみを打つこと間違いない。

(3)　魚醤は「うさんくさい」から旨いへ

魚醤の味付けは地元の人だけでなく、観光客の食欲をもそそり、その味が忘れられなくなる。英語の魚の形容詞はFishyであるが、魚が腐り易く悪臭を放ったためか、「うさんくさい」という意味となる。まさに、魚独特の生臭さがある魚醤の味付けは、うさんくさい臭いと毛嫌いする人もいる。

一方、能登の里海へと向かう列車の中には、魚醤の鍋の味や匂いを話題にし、盛り上がっている「とりこ派」の団体客も多い。

8　目黒のサンマのトップセールス

(1)　秋の味覚サンマ

秋の味覚の魚といえば、やはりサンマだ。漢字では「秋刀魚」と書くが、細長いサンマは秋に獲れる刀に似た魚から名付けられたという。(諸説在り)

サンマは北太平洋に広く分布する魚で、北海道の東部、釧路沖では小型船によるサンマ漁は七月頃に始まり、次第に東北地方へと南下し、秋に関東の近海に近づく。秋の味覚のサンマは塩焼き、刺身、押し寿司などで食する。古くから鯛が高級魚だが、サンマは庶民が手軽に食べられる下等魚（低級な魚）だった。

(2) 落語の目黒のサンマの噺

落語の「目黒のサンマ」の噺《はなし》は目黒不動参拝を兼ねて鷹狩りに出かけた松平出羽守が庶民の無造作に焼いたサンマを食し、大変、おいしいと絶賛した。それを聞いた黒田筑前守が早速、家来に申しつけ房州の網元から取り寄せた。そのサンマは素材の外形を変え、養分を抜取って調理されたため不味かった。

結局、サンマは房州ではだめで、目黒に限ると殿様からOnly One よりも、むしろNumber One のお墨付きを得る滑稽噺である。現代版でも首長・知事などがお国自慢をトップセールスすれば、その経済効果は大きい。

(3) まちおこしはトップセールスで

観光客には地元産（土産）、地元の調理法・焼き方のこだわり（土法）が非日常的な味覚の体験となる。地元で獲れたサンマという下等魚でも、食材そのものの味が活かされ、地元の調理法・焼き方で、特に、お頭を食べ、尻尾をも残さず完食するとおいしい。逆に、いかに高級素材でも、それ自体の味を殺す調理法では不味い。

土産土法などの五土の要素でこだわりの特産料理の強みを創出し、適切なトップセールスがあれば、都会などの高級料理とは競合せず、地方創生のまちおこしが可能となる。食通のおもてなし観光を推進するには、トップセールスが有効なことはいうに及ばない。

9 ほうとうで「ウチとソト」の連携を

(1) ほうとうの由来

ほうとうは中国から渡来し、うどん粉を水で練って切った餺飥《はくたく》に由来する。この語源は穀物の粉をハタキモノや粉作業をハタクからほうとうへと転用した。また、戦国時代の甲斐国（山梨県）藩主である武田信玄（一五二一〜一五七三年）はほうとうを陣中食とし、自らの刀で具材を刻んだので、宝刀とする説もある。（諸説在り）

(2) ほうとう鍋の味

ほうとうのダシ汁は煮干しで、汁は味噌仕立てで、具材は野菜が主だ。特に、カボチャが必須であり、人参、ゴボウ、ネギ、シイタケなどを煮込む料理だ。山梨の煮込み幅広麺のほうとうは一般に、鍋料理と認識される。しかし、山梨県内では家族分を大鍋で作り、どんぶりか味噌汁椀に盛られ、主食として家族で共食する。

(3) ほうとうの連携でブランド力を

山梨県のほうとうのブランド力はすでに名高い。しかし、地域の創生には「ウチとソト」との連携により、総需要量が拡大する。たとえば、日本一の座をかけた戦い「昇仙峡《しょうせんきょう》ほうとう味くらべ　真剣勝負」（昇仙峡魅力づくり協議会）のイベントは参加型となる。また、山梨県に隣接する他県、埼玉県深谷の「武州煮ぼうとう」、秩父鉄道沿線の「ほうとう」、群馬県の「おっきりこみ」などは同じほうとう文化圏の煮込み麵料理だ。

そこで、ほうとう文化圏ではネットワーク力を発揮するためにもソトではなく、連携してお互いウチとなるべきだ。各地域の間では競合しつつも、イベントなどをウチ同士として開催できれば、ソトの首都圏からお客を誘引でき、必然的に総需要量が拡大することは間違いない。

10　きしめん人気はヨソ者のパワー

(1) 名古屋のきしめんの由来

名古屋の名物といえば、多くのヒトがきしめんと答えよう。このきしめんの日は十月二六日だ。それは食欲の秋十月と、きしめんのツルツル感、二（ツ）と六（ル）のやや強引な語呂合せ。

名古屋のきしめんの由来には諸説がある。

■1 江戸時代の文学
江戸時代の『好色一代男』（井原西鶴）、滑稽本の『東海道中膝栗毛』（十返舎一九）などで三河の名物で芋川《いもかわ》（愛知県刈谷市）の芋川うどんがきしめんという説。
■2 池鯉鮒宿
三河の池鯉鮒宿《ちりゅうしゅく》（現：知立市）で雉の肉を入れたうどんから雉麵《きじめん》との説。
■3 麵の原型
麵の原型は碁石型のため碁子麵《きしめん》との説。
■4 紀州出身者
紀州出身者が調理した紀州麵からとの説など。

(2) 地元は「名物にうまい物なし」

名古屋では、近年、「ヨコイのスパゲティ」「寿がきやラーメン」、居酒屋の「世界の山ちゃん」などのチェーン店の人気が高い。

たしかに、きしめんは名古屋名物として著名だ。しかし、地元民（出身者も含め：ウチ）における人気度は今一つだ。

そこで、きしめんが嫌いな人たちは、「名物にうまい物なし」と否認する。また、ウチなる地元の麵類食堂のメニューに必ず、きしめんがあるとは限らない。

(3) きしめんはヨソ者人気

名古屋のきしめんの売上げはウチなる地元民よりも、ソトなる出張族・旅行客の旺盛な胃袋のパワーによる。ＪＲ・地下鉄駅や繁華街界隈などではこだわりのきしめんを求め、ヨソ者が右往左往している。新幹線ホームの立食い店のきしめんの味が激旨との噂。是非、途中下車し、ツルッとなめらかな食感を楽しむべし。

11 されど京のすぐき漬は旨い

(1) 京の三大漬物

京都には名物数あれど、数々あれど数あれど、その代表格は漬物だ。「千枚漬、しば漬、すぐき漬」が京都の三大漬物といえる。漬物は味が濃く、塩辛いものが一般的だが、京のこれらの漬物は薄味（淡味）をモットーとする。

❶ 千枚漬

これは、聖護院蕪《しょうごいんかぶ》を薄く切って昆布、唐辛子と共に酢漬けにした繊細でみやびな浅漬けである。発祥の地は京都・大原である。

❷ しば漬

これは茄子やきゅうりを刻み、赤紫蘇の葉を加えた夏野菜の塩漬けである。

3 すぐき漬

これは酸茎菜《すぐきな》の葉と蕪を原材料とした乳酸発酵漬物で質実剛健な食感が楽しめる。

(2) すぐき漬はテコの原理

古来、酸茎菜の栽培と生産は上賀茂・西賀茂地区の農家の室《むろ》で加熱され、乳酸発酵させて漬けられた。すぐき漬は上加茂神社の神宮の門外不出の神社贈答品の時代もあった。テコの原理で重石に圧力をかける天秤押しはすぐき独特の製法で、今日でも上賀茂地区の季節の風物詩だ。

(3) すぐき漬の旨い食し方

すぐき漬はそれを刻んで、炊き立てのご飯や茶漬け、お粥にのせて食べるとおいしい。しかし、すぐき漬の食し方は一般的な固定概念以外に、料理人のアイデアで新たな調理法が可能だ。ブリとサイコロ状にしたすぐき漬と一緒に炊き込むとか。すぐき漬けをドレッシングではバジル、タルタルソースではピクルスの代わりにも使え、新食感が楽しめる。また、すぐき漬には乳酸菌の一種ラブレ菌が含まれており、これは、インフルエンザに対する免疫やがん細胞の活動を抑えるインターフェロンの生産を高める効果があるという。

たかが漬物、されど京のすぐき漬の味、日本の誇れる極上の薄味のすぐき漬を是非、ご賞味あれ。

12　京のおばんざいは食文化なり

⑴　おばんざいは食文化が凝縮

京都の「おばんざい」は京の町衆の風俗、習慣などの生活文化と密着し、野菜を主とした家庭料理だ。おばんざいとは、お番菜であり、その番とは番茶や番傘などのように「普通の菜」のおかずを意味する。

それは各家庭で受け継がれた「おふくろの味」の惣菜で、庶民的な京の食文化が凝縮している。おばんざいは「手間ひまかけてもお金はかけるな」というもったいない精神による京の庶民のお惣菜料理である。

⑵　B級グルメはアイデアあれど

最近、庶民的な味・B級グルメが関心を集め、集客力のあるまちおこしのイベントとして話題になる。それは地元の食材をほとんど使うものではなく、むしろ採り入れたとしても、無理やり詰め込んだにすぎず、アイデアはあっても文化性が全く感じられないと、批判できよう。

多くのB級グルメは贅沢品でなく、即席で、素人でも調理できるようなラーメン、うどん、焼きそば、カレーなどの類が多い。

(3)　B級グルメは陳腐化の恐れ

おばんざいは脈々と時を貫き、京の庶民の食文化として、すでに確立している。一方、B級グルメの多くは未だに、地元の食文化と高言できるまでに成長していなくて、その多くはまちおこしのために創作されたメニューにすぎない。

B級グルメは一時的にマスメディアの話題となったとしても、中長期的に陳腐化する可能性のあるものも多いが、是非、地元の食文化として成長・発展させることを願うものだ。

13　京の芋棒を鱈腹食う

(1)　鱈の由来

魚偏に雪と書く鱈《たら》の由来は、雪が降る冬の時節に漁獲される魚であるとか。また、鱈の腹部が雪のように白で血が足ら（タラ）ないといった説などがある。

鱈は冬に産卵するが、その産卵数は数十万から数百万個に及ぶけれども、生残率は非常に低く数匹という。鱈子《たらこ》はマダラの子ではなく、スケトウダラの卵巣を塩漬けしたものだ。

日本では古くから鱈は大口を開けて海底に生息する小魚を大量に捕食するので、大口魚との異名もある。そこで、鱈腹食うとは、腹いっぱいに食した満腹感を意味する。

(2) 京都のいもぼう

今日、鱈は北洋の魚で、北海道が本場である。しかし、約三〇〇年前から伝わる京都の知恩院近くの円山公園内では、平野家・いもぼうという店がある。初代平野権太夫は宮家に仕え、九州御幸《みゆき》のお供の際、唐芋という芋を持ち帰り、京都の土に栽培したのが海老芋《えびいも》である。それと北海道産の干したスケトウダラの棒鱈の食材とを炊き合わせたところ、非常においしかった。

(3) 京都人の知恵の名物食

京都は内陸都市ゆえに、物流が不便なために鮮魚を食することが難しい。昔から北海道産の棒鱈などが北前船により京都へと運び込まれた。京都人の知恵でいもぼうをはじめ、鯖寿司、ニシン蕎麦などは京都の庶民の胃袋を満たした。しかし今や、これらは京都固有の名物食として集客力を発揮している。

そこで、京都の食の集客力を見習ってか、全国の食材の産地でも食の祭典が多彩に開催されている。よって、食材の産地へと出掛け、本場の味を鱈腹食うイベントを楽しむべきだ。

14　昆布の道と大阪の味

(1)　昆布の産地と北前船

北海道産の昆布は全国の漁獲量（天然・養殖）の九五％以上を占めている。四角形の北海道の地形の角部分の沿岸に四大昆布の産地がある。

①利尻昆布：北海道の最北端の利尻島・礼文島や稚内の野寒布《のしゃっぷ》岬、宗谷岬などの沿岸
②羅臼《らうす》昆布：知床半島の根室側（国後《くなしり》島側）の沿岸
③日高昆布（三石昆布）：襟裳《えりも》岬の日高地方の沿岸
④山だし昆布（真昆布）：道南、恵山《えさん》岬や函館の沿岸

(2)　江戸時代の北前船で昆布運送

江戸中期に昆布の道は北海道の松前、函館、江差の港から日本海側の港町、さらに、越前の小浜・敦賀（福井県）から琵琶湖を経由して京都・大坂に運送された。その後、昆布の道は日本海から下関経由して北前船で大坂に運ばれた。さらに、北前船で長崎へ運ばれた昆布は薩摩を経由して琉球にも渡り、沖縄料理に昆布が使われた。現在でも、一人あたりの昆布の消費量は富山県と南の沖縄県がトップクラスを競っている。

(3)　大阪は昆布の集散地

大坂では乾燥した昆布を倉庫に寝かせ、熟成させると昆布の渋みが無くなり甘みを増す。諺に「夜の昆布は見逃すな」と夜の昆布は「よろこんぶ」とも読め、縁起が良いので、ハレの料理に使われる。グルタミン酸の昆布だしは上品で関西では、うどんつゆ、ニシン蕎麦には昆布ダシが一般的に使われる。

近年、昆布漁師も減り、昆布漁獲量も減少傾向で、代替の化学調味料も出現し状況は変わった。しかし現代でも、大阪経由の昆布量は全国の六割を占め、北海道産の昆布は大阪から全国各地へと集散する。大阪の昆布に関する地位は今も変わらず、昆布を多用する日本料理における食文化の礎が今も、大阪に現存することをよろこんぶ。

15　明石タコの吸盤のごとき集客力を

(1)　地ダコの明石

最近、スーパーのタコのほとんどは国産ではなく、モロッコやモーリタニアなどのアフリカ産だ。しかし、国内でも地タコと称する地域の特産ダコがある。日本標準時の東経一三五度子午線の街・明石（兵庫県）は、タコや鯛が名産だ。淡路島と明石市の間の明石海峡では、餌となるエビやカニが豊富、かつ満ち潮の時、反時計回りのイヤニチ（イヤな満ち潮の渦）の潮流のため、明石のマダコの足は太く吸盤が発達し、身が締まり、歯応えも良く上味となる。

(2) マダコの卵は海藤花

マダコは初夏に一気に育つので、湧きものと称す。新ダコ、梅雨ダコ、さらに、麦の収穫時、タコ漁は麦わら帽子を被るので、麦わらダコとも呼ぶ。タコの産卵時期は八月下旬から九月だ。一般にタコの卵は、母体の卵巣内にある状態で茹でると白いかたまりとなる。一方、マダコの卵は藤の花の房状に卵を産み付けるので、江戸時代の明石藩の儒者、梁田蛻巌《やなだぜいがん》（一六七二〜一七五七年）は海藤花《かいとうげ》と命名した。軟体動物のタコの卵としては美名すぎないか。

(3) 明石タコの吸盤のパワーを商店街に

明石海峡周辺の前もんの魚介類は昼網の昼市（セリ）され、その後、地元の魚の棚《うおんたな》商店街で売られる。たこフェリーの全盛時代、商店街は大勢の買物客でにぎわった。しかし、明石海峡大橋が開通して以降、日本標準時の明石ゆえんか、全国の商店街とも類似し、元気さが見られない。

魚の棚商店街を全国の創生モデルにするには、明石タコの強力な吸盤のごとく、千客万来の集客力を蘇らせる時代の再来を期待したい。

16　下関のフグよ福となれ

⑴　フグ食の由来

日本には千年以上も昔から食通の誉れ高いフグ食文化がある。フグ料理については、次のような説がある。

①　豚：フグは豚のように丸くおいしいから河豚と書く。

②　福：フグでは「不遇・不具」に通じるので、下関では「ふく」であれば「福」につながり、濁らずに「ふく料理」という。

③　鉄砲：大阪などでは鉄砲の弾に当たれば、すぐ死ぬからテッポウやテッと隠語で呼ぶ。ふぐ刺しはテッポウの刺身でテッサであり、テッピはふぐの皮の湯引き、テッチリはふぐ鍋となる。

一九八一年、下関ふく連盟はふくの日を二月九日。一九九七年、ふぐの日は九月二九日。さらに、とらふぐの日は、と（十）らふ（二）ぐ（九）」という語呂合せで十月二九日だ。

⑵　下関のフグ市場

最も高価でおいしいフグの王様はトラフグである。現在、天然のトラフグの全国の七割以上を集荷する拠点は下関だ。下関の市場で袋せりという独特の方法で競りにかけられる。セリ落とされたフグは、加工工場へ運ばれ、フグの有毒部位を除去する身欠き処理がなされる。その後、大消費都市の大阪・東京へと搬送される。

⑶　フグ調理と食中毒

フグにはテトロドトキシンという神経毒があり、特に、猛毒の部位は肝臓と卵巣（ふぐの子）である。猛毒フグの卵巣を三年漬けて、食べられないものまで食べてしまう天下の珍味としてふぐの糠《ぬか》漬けが石川県にある。

フグの調理にはフグ処理師免許が必要で、また、フグ取扱い施設の登録が必要となる。フグの食中毒は死亡率が高い。フグ食中毒事故の大半は素人の無免許調理である。釣りツアーでフグを釣っても、フグ処理師に調理を頼めない場合、「フグは食べたし命は惜しい」となる。そんなヒトは「食べない・あげない・持ち帰らない」という三つの「ない」を実践すれば、人生は「不遇から福へ」と転ずるかもしれない。

17　わからん長崎の卓袱料理

(1) 長崎・出島とオランダ

長崎の夜景は美しく、神戸、函館の港町と同じく、日本三大夜景として高く称賛されてきた。また、長崎は、和風とは異なる異国情緒な食べ物が多い。貿易港・長崎の出島は江戸時代の二世紀半以上にわたる徳川家の天領として商館を構え、オランダ（阿蘭陀）の影響を受けた場所であった。オランダとの文化交流が盛んで、ポン酢の語源はオランダ語に由来する。

(2) 卓袱型式の円卓料理

卓袱《しっぽく》料理の卓袱型式とは朱塗りの円形テーブルに一卓一卓に大皿で数人分の料理を盛る。卓袱料理とは料理の種類ではなく、中国語で卓はテーブル、袱はテーブル・クロスの意味による。それは円卓を五〜七人で囲んで座り、皿に盛られたコース料理を味わう形式をいう。この円卓による食べ方は中国料理の型式に似ている。この料理の素材の中心は魚で、一般的に吸い物から始まり、刺身、酢の物、和え物、煮物、豚肉の角煮、飯といった順となる。

(3)　卓袱料理は和華蘭料理

卓袱料理は和華蘭料理《わからんりょうり》とも称され、長崎の代表的な郷土料理である。これは長崎の和食をベースにして、中華料理とオランダ料理がミックスした宴会料理の一種である。

長崎の卓袱料理は「日本、中国、オランダ」の料理を取り入れ、ごちゃまぜにアレンジしたということで、味の原産地が全く「わからん料理」といえよう。

18　女性に人気の長崎ちゃんぽん

(1)　長崎ちゃんぽんの由来

ちゃんぽんは、卓袱料理から派生するが、その語源は「異なるものを混ぜること」により、豚肉・野菜・魚肉生産品（場合によっては魚介類）などを混ぜること、または混ぜた状態をいう。

この名称は次のような説に基づく。

1　福建省の方言説

中国・福建省の方言で簡単な御飯の意味の「喰飯」（シャンポン）がなまったもの。

2　ポルトガル語説

ポルトガル語の混ぜる・混合という意味の「チャンポン」がなまったもの。

3 ヒトの呼び名説

当時の中国人の呼び方である「チャン」と日本人の「ポン」を取ってチャンポンと名付けた。

(2) ちゃんぽん麺の特徴

長崎ちゃんぽんは太い麺と野菜と魚介類などの数多くの具材を混ぜ、豚骨と鶏ガラで取ったスープを加えて作る福建料理をベースにした料理だ。スープは濃厚系の白濁スープとあっさり塩味の清湯（澄んだ）スープがある。また、具材では豚肉、イカ、アサリ（冬場はカキ）、キャベツ、もやし、はんぺん、キクラゲ等などが「ちゃんぽん」されている。九州各地の濃厚な豚骨ラーメンは、長崎ちゃんぽんの影響を基本的に受けている。

(3) 女性に人気の長崎ちゃんぽん

お酒をちゃんぽんで大量に飲めば悪酔いするばかりだ。しかし、長崎ちゃんぽんは多くの具材の味が丼の中に混ざり、卓袱料理と同じく、独特の食感を楽しめる。しかし、味は全く和華蘭料理といえる。

長崎ちゃんぽんを全国的に有名にしたきっかけは六〇〇店舗以上を展開するリンガーハットの全国チェーンの影響が大きい。リンガーハットの長崎ちゃんぽんは植物性の脂を使い、大食いしても、ヘルシーで身体に良くおいしいと女性の好感度を高めたことだ。それゆえ、ちゃんぽんめんの味は全く「わからん料理」だが、有名にしたワケははっきりしており、それは女性の口コミのパワーであることは誰の目にも明らかだ。

X　世界の宗教と食のこだわり

1　友達の友達は六次の隔たり時代

⑴　日本は複数民族の国

現代日本では様々な外国人が住む国にもかかわらず、未だに単一民族国家という誇大妄想を抱えたまま生きている人びとが多いのではないか。元来、日本国は大和民族という単一民族国家ではないのである。

日本民族は、本来、大和民族（和人・倭人）以外に、沖縄の琉球民族、アイヌ民族、さらに、主に樺太で生活するツングース系のウィルタ民族、樺太やシベリアの一部に生活するニヴフ民族などといった複数民族の国家である。

⑵　エスニックタウン

二〇二〇年の東京オリンピック・パラリンピックを待つまでもなく、日本国内ではすでに外国人が多く住み、様々な国、民族の出身者が集うエスニックタウンを形成している。たとえば、横浜の「横浜中華街」をはじめ、新宿区新大久保駅周辺に広がる日本最大のコリアンタウン、最近は周辺に中華系、イスラム横丁もできた。また、北池袋の新チャイナタウン、足立区竹ノ塚のリトルマニラ、墨田区錦糸町駅周辺のリトルタイランド、江戸川区西葛西のインド人街、群馬のブラジルタウン等などがあるように、全国にエスニックタウンが多数存在する。

訪日や在日外国人数の増加は、必然的に外国人の犯罪数が多くなり、外国人の排除などを口汚く訴える人びとも多い。しかし、今や、日本では外国人や外国人に見える容姿の人びとを「外人呼ばわり」し、色眼鏡で見る時代ではないだろう。

(3)　友達の友達とは

世界中の人びとは六ステップ以内でつながりを持つことができるという六次の隔たり（six degrees of separation）の仮説があるように、現在、イスラム教徒は全世界に約十六億人いるといわれているが、日本人は、「友達の友達は外国人、イスラム教徒だ」と人類愛を持って交流すべき時代だ。なぜならば、現代は、ＳＮＳでつながるソーシャルメディア時代、インターネットを媒体で交流の輪が拡散でき、地球は狭くなったことを認識するべきだ。

たしかに、日本国内に外国人の居住・来訪が多くなれば、文化や宗教も様々だ。しかし、外見の違いや開発途上国出身という理由から、短絡的に偏見、差別する社会であってはならない。

(4)　他民族との共生の目線を

日本は少子高齢化により、人口の減少傾向にある一方、訪日外国人数をはじめ、国内の外国人数は著しく増加傾向にある。日本では、もはや多人種・多宗教・多文化共生を寛容に受け入れる施策が求められている。この場合、国民一人ひとりが外国人に対し、Win-Win の目線で、おもてなし精神を発揮するべき時期の到来だと認識するべきだ。

2　ブレックファーストは断食を破る

(1)　ブレックファーストの語意

朝食は「ブレックファースト」と一般にいわれている。ファースト（断食）とは夕食から朝食までの睡眠時間を断食時間と捉える。朝食は空腹状態をブレック（破る）することだ。また、朝食を食べない、朝食兼用の昼食はブランチ（breakfast + lunch = brunch）という合成語となる。

宗教的な行事として断食が実施されている。ユダヤ教では旧約聖書に記された祝祭日などに断食をする。イスラム教ではラマダーンの月（断食月）の三〇日間は、夜明けから日没まで一切の飲食を断ち、慎み深い生活をする。日中の食事を禁じるラマダーンは、人間の煩悩を抑えて清浄な境地に入ることを目的とする。

(2)　宿泊業界の朝食はケの食

従来のホテルのコンチネンタル・プランの朝食はコーヒー・紅茶の飲み物とバターなどを添えたパンを中心とした軽い食事だ。また、温泉旅館では盛り上がった宴会のハレの後、迎える朝食はご飯、味噌汁、海苔及び生卵の軽い「ケ」の食が定番だった。

(3) ラスト・シーンの重視

人間の脳裏に残る記憶は「最高のシーン」と「ラスト・シーン」の二回だけだとするピーク・エンドの法則がある。今や、競争の激しい宿泊業界ではお客の記憶に残るラスト・シーンを重視する。最近、昨晩の宴会に引き続き、朝食でも多彩な高級食材が選べるバイキング方式が多くなった。チェック・アウト前の朝食が掉尾を飾るものであれば、お客の脳裏に強く残り、リピーターとなることを決定づける。

だがしかし、過剰栄養摂取の現代人は、身体の調整、健康の確保のためにも食事の摂取量にブレーキをかけるべきだ。朝食はファーストの語意を遵守し、軽めが身体に良いかもしれない。

3　国際線の機内食を楽しむ

(1) 国際線の機内食競争

国際航空運送協会（ＩＡＴＡ）では一定時間以上の飛行の際、要望に応じて機内食を提供せねばならないとある。一般に国際線では飛行時間（帯）に合わせ機内食を提供する。

近年、各航空会社間では機内食の差別化が行われている。たとえば、大韓航空（ＩＡＴＡ航空会社コードは二桁：KE）では、ビビンバ、タイ国際航空（TG）では、タイカレーなどのように自国固有の料理を提供する。また、日本航空（JL）や全日本空輸（NH）では、上級クラスに対し、機内で炊いたご飯の和食やフレンチ料理のおもてなしもある。さらに、一流レストラン、ホテルや料亭などが監修したメニューもある。

(2) 特別機内食を楽しむ

機内食は、「嫌いな具材が多い、お腹が空いていないのに肉だらけ」といった苦情などを聞く。しかし、特別機内食は、宗教上の信者、健康上の糖尿病や高血圧などの人びとが対象となるだけでなく、元気溌剌《はつらつ》な若者でも食の非日常体験が可能となる。多種多様な特別機内食から自分の好みを上手に選べば、空の食を楽しむことができるかもしれない。

4 特別機内食の多彩なおもてなし

(1) 国際線の機内食

国際線の機内は、まさに世界人類の縮図といえる。乗客には宗教・言語・人種・生活様式など、様々な人びとが乗り込んでいる。特に、宗教と言語は民族を形づくる文化の基本である。食には宗教上、厳しい制約や規制が存在する。

特別機内食では、食材の選択や調理方法などを配慮している。国際線では、次のような理由から特別機内食を提供する。

① 宗教上の理由による特別機内食
② 健康上の理由による特別機内食
③ その他の特別機内食

(2) 特別機内食の種類

1 モスレムミール（moslem meal）

豚肉を食べないイスラム教徒（ムスリム）用の食事には、アルコール類を一切使わないで調理するモスレムミールがある。

2 ヒンズーミール（hindu meal）

インドの総人口の八三％も占めるヒンズー教徒は、牛を神聖なる生き物として位置づけており、調理の際、アルコールを使わず、牛・水牛を食材としたメニューは厳禁となる。

3 コーシャーミール（kosher meal）

厳格なユダヤ教徒は、イスラム教徒同様に豚肉を食べない。特に、ユダヤの教義に則り調理され、お祈りを捧げた食事をコーシャーミールという。機内では、他人の手が触れていないようにシールを切らずに提供されねばならない。

4 ベジタリアンミール（vegetarian meal）

肉、魚、卵、乳製品などの動物性の食材を使わず調理した菜食主義者用のベジタリアンミールがある。

5 ダイアベティックミール（diabetic meal）

糖尿病患者などに対しては、ダイアベティックミールがある。

6 ベビーキット（baby kit）

機内ではベビーキットのサービスがある。事前に予約をすれば、指定の粉ミルク、離乳食（バナナなどのフレッシュ素材）が提供される。

(3) 特別機内食の予約

近年、インドの経済拡大に伴い、インド人が航空機に搭乗する人数が増えた。そのため、牛肉や豚肉を使わないベジタリアンメニューがアジア系航空会社を中心に増えている。各種の特別機内食は、一般に、出発時刻の二四時間前に申し込めば、食べることが可能だ。しかし、祈禱などで時間を要するコーシャーミールなどの予約は四八〜七二時間前となる。このような特別機内食は、一般人も事前に予約すれば、非日常的な食体験が可能となるだろう。

5　世界三大宗教と一神教の世界

(1) 多神教と一神教の違い

❶ 多神教

宗教の歴史は、人類の歴史そのものである。宗教はそれを祀る「神」の数により、一神教と多神教などに大別できる。

山、海、湖、森や木などの自然界に神様が宿るという八百万《やおよろず》の神を信仰する多神教の日本では稲作農耕を基軸とし、特に、神道と仏教とを融合した宗教観ゆえに寛容・寛大さがある。

❷ 一神教

一方、一つの神のみを唯一絶対的な神と信仰する一神教とはイスラム教、ユダヤ教、キリスト教などがある。これらの宗教では信じる神は同じ系統にある。つまり、ユダヤ教（紀元前一二八〇年頃成立）、キリスト教（紀元一世紀頃成立）、さらに、イスラム教（七世紀頃成立）は、元々、兄弟の宗教である。イスラム教は一神教の三兄弟の中でも、ややわがままな末っ子の感もする。一神教相互における宗教紛争の反目（戦争）は長く、今なお続くが、相互に他宗教を理解し合う目線が望まれる。しかし、一神教の間ではその実現の可能性は低いことであろう。

⑵ 世界三大宗教の割合

生活便利図鑑（lifenoblog. com/ life/ religion-number：最終アクセス・二〇一八年一月六日）によれば、世界三大宗教とはキリスト教（世界人口の約三二％）、イスラム教（世界人口の約二三％）、仏教（世界人口の約七％）が一般的である。仏教は紀元前五世紀にヒンズー教を土台に釈迦が開祖し、イスラム教は七世紀にユダヤ教やキリスト教に刺激され、マホメットを開祖としてアラブの民族宗教から発展した。世界三大宗教の信者数はキリスト教が約二〇億、イスラム教が約十六億、仏教が約三億八〇〇〇万人程度である。信者数で比較すると、ヒンズー教（世界人口の約一五％）は仏教の信者数よりも多く、約九億人であり、仏教は四位となる。

⑶ ヒンズー教の地域性

ヒンズー教の信者はインド（人口の約八三％）やインド周辺諸国でインド国籍を有した人びとである。ヒンズー教は世界的な広がりがない宗教のため、一般的に、三大宗教から除外されている。世界三大宗教とは信者数の多寡ではなく、限られた民族や地域などでなく、また、政治的、文化的、社会的な影響をもたらしたか否かが主に判断基準となっているのだ。

6　仏教の食のタブー

(1)　仏教の起源

仏教は、日本人にとって最もゆかりの深い宗教である。紀元前五世紀に、シャカ族の王子ゴータマ・シッダッタが創設した宗教だ。シッダッタ（釈迦牟尼《しゃかむに》）とも称され、仏陀（ブッタ）とは悟りを開いたヒトを意味する。仏陀の仏教を大別すれば、チベット、中国、朝鮮半島、日本へと伝播した他力本願の大乗仏教がある。一方、スリランカ、ミャンマー、ラオス、カンボジアなどの東南アジアへ伝播した自力本願の保守派の上座部（小乗仏教）がある。

(2)　仏教の食のタブー

日本に伝播した大乗仏教は、食べ物のタブーは基本的にない。しかし、日本人は歴史的に、動物を殺生することを恐れてきた。また、明治期以前、寺院では肉食を断つ精進料理を当然視してきた。古くから殺生禁断、獣肉食禁止が日本人のケガレ思想にあった。また、飼育動物である牛・馬は農耕、軍事、輸送などに有用であり、殺してはならないとの考えに基づいた。

(3) 中国の肉食

大乗仏教の日本をはじめ、中国、韓国では、現在、菜食の精進料理は厳格に守られていない。中華料理では、猿・犬をはじめ、四つ足の動物はほとんどすべてが食材として使われている。しかし、肉親の死後などの喪に服する期間中は、肉類や酒を慎み、菜食の精進料理を食する風習はタテマエ上、日本と同じく行われている。

7　ユダヤ教の食のタブー

(1) ユダヤ教の起源

ユダヤ教は厳しい自然の中で生まれた遊牧民の宗教である。ユダヤ教は契約の宗教でもある。絶えず移動する遊牧民は先住の諸民族と協定を結ばなければ安住できず、水を確保するためにも取引や契約が重要になる。

(2) 旧約聖書の食のタブー

旧約聖書（レビ記11）では、食べて良いモノと、食べてはいけないモノを明確に区分する。食べ物は元来、神が許可し命令し統制するものだ。神の掟に背く者は厳しく処罰される。ユダヤ教ではレビ記第11章の条件にあてはまらない食べ物を規定するカシュルート（kashrut）によって食用は禁止されている。

(3)　水棲動物の食のタブー

ユダヤ教では鱗がない鯨・イルカなどの水棲動物は食することをタブーとする。たとえば、日本、ノルウェー、アイスランド、フェロー諸島及びインドネシアなどでは伝統的に鯨を食肉とする。鯨肉を食べないユダヤ教徒をはじめ、多くの国から食用化する食文化は完全に否定される。しかも、この反対の理由とは、宗教上というよりも、むしろ種の保存の観点から保護が主張される。

8　ヒンズー教の食のタブー

(1)　ヒンズー教の起源

ヒンズー教は古代アーリア人が始めたバラモン教と、その後それに土着の民間信仰や習俗を取り入れて発展した。それは階級性を否定し、衰退期に入った仏教に代わって登場した。ヒンズー教はインドに成立した民族宗教といえる。

(2) ヒンズー教の食のタブー

インドで牛は、母性と豊穣を象徴する神聖な動物であり、崇拝の中心的な存在である。牛を食べれば、恐ろしい天罰を受けると固く信じられている。ヒンズー教の上位カーストの人びとは戒律上、肉類を一切口にしない菜食主義者が多い。戒律に縛られることのない人でも、ヒンズー教徒であるならば、牛は崇拝の対象として、決して食べない。

インドでは牛・豚・鳥の殺生を禁じ、全人口の約八〇%がベジタリアンである。しかし現在、牛肉食は一部のインド人が受け入れている。牛乳や乳製品は禁忌ではなく、インド産以外の牛肉ならば、食べても良いと考えるヒンズー教徒もいる。

(3) ヒンズー教徒の食とながら食の違い

ヒンズー教では食事中にヒトに話しかけることは無礼になる。ヒトに食事姿を見せるだけでも無作法と教えられている。専ら黙々と食べ、食事が終われば、手を洗い、口をゆすいでから、ようやく会話をはじめる。

しかし、現代日本人は、新聞を読みながら、スマホやテレビを見ながらなど「ながら食」が多い。忙しいからというが、それでは集中力を欠き、必然的に味覚・嗅覚などの感受性も働かなく、何よりも、無作法だ。

だが、ヒンズー教徒のように黙々と食べずとも、友人・家族などと談笑しながら共食する「ながら食」であれば、おいしさも倍加され、歓迎されるべきだ。

9　キリスト教の食のタブー

(1)　キリスト教と聖書の食べ物

聖書は旧約聖書と新約聖書の二つに分けられる。ユダヤ教は旧約聖書を聖典とし、新約聖書はイエスの死後一世紀中頃から二世紀中頃に書かれており、キリスト教では主に新約聖書に基づく。聖書（マルコによる福音書）では「外から人の体に入るもので、人を汚すことができるものは何もなく、人の中から出て来るものが、人を汚すのである（7－15）」「それは人の心の中に入るのではなく、腹の中に入り、そして外に出される。こうして、すべての食べ物は清められる（7－19）」とある。キリスト教では食べ物は腹に入り、人の心を汚すものではないとの考えに基づく。キリスト教では食べ物自体に関するタブーは基本的に存在しない。また、聖体拝領《せいたいはいりょう》（聖餐《せいさん》）の際、キリストの血と肉にあたるブドウ酒とパンを身体に受け入れることより、神の恵みに浴せられる。

(2)　キリスト教の菓子

ヨーロッパのワイン、パン、菓子などは古代ローマ帝国が滅亡すると、その製造技術は修道院、領主へと引き継がれ、聖バレンタインデーのチョコレート、復活祭の卵（イースター・エッグ）などのようにキリスト教では菓子やパン類などが多く伝承された。その影響もあり、日本人女性にキリスト教は魅力的な宗教と感じさせる要因になっていないだろうか。

10　イスラム教のハラルとハラムのタブー

(1)　イスラム教の食の合法と非合法

イスラム教徒は神の言葉を守れば、この世はもちろん、死後の世界においても懲罰を受けることなく、天国へ行けると固く信じている。

❶　合法的なハラル

イスラム教のハラル（ハラールとも）とはイスラム法で食することが許されている合法なもの。ハラル食品を食することがアッラー（神）の教えである。それがイスラム教の信仰の基軸になっている。このハラルの考え方は、「農場から食卓まで」(from farm to table) の全プロセスが対象となる。ハラムで不浄（ナジス）なものとは、直接・間接ともに一切、接触が許されない。

❷　非合法的なハラムのタブー

このハラルに対峙する言葉として、ハラム（ハラームとも）とは食することがタブー、非合法的なものである。イスラム教でアルコール類の飲酒は神経系を冒すのでタブーである。さらに、豚を食することを禁止するのは、豚が不潔・不浄で病原菌に冒されやすく、脂肪分の多い肉が身体に悪影響を与えるからである。

⑵ ハラル・ポリシーの食ビジネスへの徹底

日本人の多くは多神教ゆえにイスラム教への倫理観・ハラル・ポリシーが本質的に欠落している。日本の食ビジネスではハラムをハラルと偽って提供しても、罪悪感や抵抗感が少ないのではなかろうか。

しかし、イスラム教の聖クルアーン（コーラン）では多神教に対する明確な敵意の記述がある。多神教に対するジハード(jihād)が説かれている。ジハードとはアラビア語で「戦い・努力」の語意、「神の道のために奮闘せよ」を意味する。ジハードではテロを聖戦と捉えており、異教徒との戦い、自爆テロの実行者には、死後天国へ行けるものと信じて行動する。

訪日するムスリムの人びとが増えている現状を考えると、一応、ハラル化を心掛けるという目安程度の対応では問題が起きよう。形式的なムスリム・フレンドリーの考え方では早晩、イスラム教に対する冒とくと、強く批判されるだろう。

それゆえ、日本の食ビジネスは、自主的にハラル制度を厳格に遵守することに努めるべきだ。食ビジネスでは、厳格なハラル・フードチェーン化の体制づくりを是非とも、実現して欲しいものだ。

11　イスラム教の食の六何の法則

(1)　イスラム教の食の考え方

イスラム教の食の考え方を5W1H、いわゆる、「六何の法則」をもって分析すれば、次のようになる。

❶　When（いつ）

ユダヤ教は紀元前一二八〇年頃に成立し、キリスト教は紀元一世紀頃に成立した。一方、イスラム教は七世紀頃に成立した。それぞれは一神教の三兄弟の関係にあり、イスラム教は末っ子となる。イスラム教徒（ムスリム）は合法的なハラルのみを食する。ラマダーンの月はムスリムの義務（五行）の一つ「断食（サウム）」を行う。

❷　Who（だれが）

イスラム教では唯一絶対的な神（アッラー）の存在がある。この宗教は預言者のムハンマドが始めた。「アッラー」とはアラビア語の「神」である。アッラーは「創造者・慈悲深きお方・王者・平和なる者・心優しき者等」の美名を持っている。現在、世界で約十六億人のイスラム教徒が対象となる。

3 What（何を）

イスラム教徒は全知全能の唯一絶対な神（アッラー）によって「許された、ハラルなもののみ」を食せねばならない。それはムスリムの肉体と健全な精神のために規制する。非ハラル、ハラム食品とは豚・肉食動物・爬虫類・昆虫類、両生類のカエルやカメ、カニなどを食することを禁止している。さらに、頸動脈を切って屠殺《とさつ》されない、いかなる肉類、さらに、アルコール類なども禁止し、非合法、ハラム（不浄）となる。

4 Where（どこで）

イスラム教徒の分布はほぼ世界中である。特に、多い地域はアラビア半島から西の北アフリカ、また、中央アジア、南アジア、東南アジア地域である。

ムスリムは聖地メッカの「カーバ神殿」の方向に向かって、基本的に、モスクで一日五回の礼拝を重ねる。世界中どこでも、ムスリムの人びとは、原則的に、「六信五行」を守っている。イスラム教の信仰の根幹の「六信」とは、「アッラー・天使・啓典・預言者・来世・天命」を信じる。五行は、ムスリムに課せられた「信仰告白・礼拝・喜捨・断食・メッカ巡礼」を行うことだ。

5 Why（なぜ）

約一六億人のイスラム教徒は神（アッラー）が「許された、ハラルなもののみ」を食する。また、ムスリムの肉体と健全な精神のために守るべき「六信五行」を行う。特に、ムスリムは現世だけではなく、死後、天国へ行くためにも神を信仰し、義務を果たす生活を続ける。

6 How（どのように）

合法的なハラルの食品とは「農場から食卓まで」の全行程が包含される。ハラムとは直接的・間接的な接触であっても不可だ。ハラルは調理場・食卓での場所だけのことでなく、農場にて栽培、食材を調達するための物流、製造加工、さらに、輸入・輸出における流通・物流活動全行程が対象となる。特に、ハラムな豚などに直接・間接な接触をも避け、隔離し、口に入るまでの間、つねに合法なハラルの食品のみを食せねばならない。

(2) 日本の食ビジネスの倫理性

宗教と食品化学の側面からハラルを保証する「ハラル認証」という制度がある。しかし、ハラル認証には世界的な統一基準がなく、宗派や宗教指導者ごとに見解が異なる。日本の企業の場合、一般にハラル認証費用が安く、比較的審査の甘い機関から認証を取得していないだろうか。

また、例えハラル認証を取得したとして、各職場で厳格に守られるとは思えない。日本人の多くは多神教ゆえにイスラム教への倫理性に欠く。ハラムをハラルと偽っても、あまり罪悪感や抵抗感がない。食肉の場合、従来から羊の頭を看板に掲げ、実際は犬の肉を売るという「羊頭狗肉《ようとうくにく》」のような偽装、つまり、ハラムな食材をハラルと偽装することが日本の食ビジネス業界では罪悪感が少なく、偽装が起きる可能性があると疑問を投げ掛けるのは筆者だけではあるまい。

12　ハラルに対する日本人の心構え

(1)　国際観光の不確実性

二〇一五年十二月十五日、京都・清水寺で一年の世相を表す漢字（日本漢字能力検定協会主催）に「安」が選ばれた。その理由は日本人の安心を脅かされた一年であったからだ。

国際観光の場合、想定外の不確実性がつきまとう。たとえば、宗教上、食文化が異なるムスリム（イスラム教徒）の人びとが訪日した場合、不浄で非合法なハラムの食事はタブーで、合法なハラル食を提供せねばならない。

(2)　ムスリムの安心

ハラルは「農場から食卓まで」というごとく、単に豚、酒類を食材として使用しないだけでなく、ハラムとの直接的・間接的な接触さえもタブーとなる。しかし、生産・流通段階は直接、消費者には目に触れず、特に、ムスリムの人びとには不透明となる。例え業者が食の安全性を数値で科学的に立証したとしても、ムスリムの人びとは安全イコール安心とは思わない。

(3)　ハラル認証の取得と心構え

近年、訪日ムスリムの増加を「ビジネス・チャンス」と捉え、便宜的にハラル認証を取得した業者も多い。そのため、ハラル認証を取得しさえすれば、例えハラムをハラルと偽っても問題が起きなければ良いと安易に考えていないか。というのも、日本の食ビジネスの大手企業を含め、羊頭狗肉のような偽装などの悪しき風習が長年、行われていたといっても過言ではないからだ。

しかし、ハラムをハラルという偽装問題は、ムスリムにとって神への冒とくと捉えられる恐れがある。問題が発生してからの対処ではリスクが甚大である。政教分離ゆえに行政機関が法令などで介入する余地はない。業界全体が倫理意識を高め、自主的に厳格なハラル制度を遵守する心構えを持つべきだ。

13　イスラム社会の手食文化の効果

(1)　手食は野蛮か

二〇一八年一月現在、世界人口は約七四億五〇〇〇万人であり、地域分布では約四割が手食で、約三割が箸食で、残り三割がナイフ・フォークだ。

手食は、一般に未開、野蛮、不衛生などのイメージで捉えがちだ。しかし、手食の人びとから食器、食具は、宗教上、汚れたモノであり、良く洗った人間の手の方がはるかに清潔との考え方に基づく。

(2) イスラム教徒は手食文化

中東などのイスラム教徒は手食文化圏に属し、右手は聖なる清浄な手だ。手食は聖なる右手の親指、人差し指、中指の三本の指で食べ物を巧みに挟み、口の中へと放り込む。手食は口に入れる前に指先の触覚で、食べ物の手ざわりや温かさの感触が楽しめる。同じく、日本人もおにぎり、饅頭やサンドウィッチを手にて頬張るとおいしさが倍加する。また、寿司職人が手で寿司を握り、食べる客も手でつまむ方が粋でおいしさを実感できる。手食は食具を使うよりも、優れた面が多々ある。

イスラム教徒らは家族や仲間とともに円座になって、アグラをかくか、片膝を立てて座り、アッラーの神への感謝の祈りを唱え、手食で共食する。この共食が家族・仲間の連帯意識を高めるのだ。

(3) 日本人も手食にて共食を

近年、日本人の食生活は孤食、個食などのため、家族の絆が希薄だ。かつて金八先生のドラマで、食の字は「人と人の関係を良くする」という名言をいった。陽気な時節、ピクニック気分で行楽地へ出掛け、皆で花見弁当を手食にて共食すれば、コミュニケーション、連帯意識が高まり、家族関係が良くなること間違いなしだ。

14　トルコ料理が世界三大料理のワケ

(1)　世界三大料理の三番目とは

世界三大料理の一、二番目は、ほぼ確定だが、三番目が難解だ。世界三大料理とは、中華料理、フランス料理、トルコ料理である。この三大料理は、単においしいか否かが判断基準ではない。食は文化を映す鏡である。それぞれの料理は、以下のように異なる文化圏に属する。

①　漢字圏で、箸食圏の中国の華僑《かきょう》などが世界に広めた中華料理。

②　ローマ字圏の西欧ではイタリア料理ではなく、十八世紀から二〇世紀にかけて、外交官などの公式料理となったフランス料理。

③　さらに、アラビア文字圏で、手食圏にあり、歴史的にオスマン帝国の宮廷料理であるトルコ料理。

(2)　トルコ料理がなぜ三大料理か

このトルコ料理には、その歴史へも想いを巡らす必要性がある。オスマン帝国（一二九九〜

一九二二年）が勢力を拡大し、世界に影響を与えた。オスマン帝国の宮廷料理としてトルコ料理の存在がある。トルコ料理の最大の特徴はイスラム教の食文化で、肉は豚肉を嫌い、主に羊の挽き肉の詰め物の食品などが多い。トルコ民族は遊牧生活のために食物の保存技術に優れている。たとえば、トルコ系の遊牧民がヨーグルトを作り、各種の料理の調味料として使われる。また、十六世紀にエジプトからコーヒーをトルコ・コーヒーとして西欧へ伝えた。なお、羊肉の串焼きで野趣に富んだシシ・ケバブが有名だ。

(3)　トルコ料理のグローバル化

すでに中華料理やフランス料理はグローバルに認知されている。しかし、トルコ料理は手食圏のために現代的な革新性の面では劣り、未だ先進国の人びとには認知度は低い。しかし今後、トルコ料理はグローバル化の波に巻き込まれ、食文化の変容問題などが起り得る可能性がある。

15　中国四大料理を楽しむ

(1)　中国の料理法

中国の料理の歴史は長く、その目的は不老長寿にある。それは単に外観の美しさよりも、味覚と栄養の面を重視している点に特性がある。

中国人は円卓を囲み、食卓の中央に大きな皿や鉢を配し、一同で会食する様式が一般的である。一卓の料理数は奇数ではなく、偶数の四種、六種、八種などのように偶数の倍数である。中国料理は調理に香辛料と油脂類を大量に使用するのが特徴である。中国の調理方法とは「煨、炒、炸、溜、燴、蒸、燉、滷、烤、拌」など多様である。

(2) 中国四大料理

広大な中国では気候や風土も異にし、地域毎に幾つかの系統に分類できる。北京料理（北京ダック・水餃子）、上海料理（小籠包・上海蟹）、広東料理（点心）、四川料理（麻婆豆腐）の中国四大料理がある。これらの中国料理は華僑により世界中に広められた。しかも、世界各地で独自に進化を遂げ、本国・中国にない中華料理も存在する。

16 中国の三大珍味の最高は日本産

(1) 中国の三大珍味

中国の三大珍味はあわび、フカヒレ、燕の巣である。

1 あわび（鮑）

貝類の中でもアワビは中国料理で貴重な食材である。食べやすくし、また、味が良くしみ込むようにアワビの表面に浅く包丁の目を入れるには、隠し包丁のワザで包丁を寝かせ、包丁目と直角にそぎ切ると良い。水煮したアワビを乾燥させた干しアワビを干鮑（カンパオ）というが、生にはないうま味が出る。中国では日本産の最高級品の大アワビを網鮑（モンパオ）と称して珍重する。

❷ フカヒレ（鱶鰭）

これはヨシキリザメ、モウカザメ、コトザメなどの大型のサメ類のヒレを乾燥させたものだ。食用には、背ビレ、胸ビレなども使うが、ヒレの軟骨（筋）や尾ヒレが上級品で、白の尾ビレが高級である。ヒレ自体は無味であるが、上級のスープで味を浸透させて食する。日本産のフカヒレが絶品であり、中国・台湾へ輸出されている。

❸ 燕の巣

これは東南アジアから南太平洋に生息する金絲燕（ジンスーイェン）が海草で作った巣を乾燥させたものだ。巣は嚙み砕いた海草に唾液が混ざり、寒天状になる。金絲燕は断崖絶壁に巣を作る。それを入手するには危険度が高く、高価な食材となる。燕の巣が料理に出る宴席は燕窩席（イエンウオシー）といい、最高のコースを意味する。

⑵ 中国料理の高級食材

中国料理における高級食材には、中国語で「鮑・翅・燕・参」という。その食材の料理は豪華なメニューであり、高いランクの料理となる。中国の三大珍味の内でも、「鮑」のアワビ、「翅」（魚翅《ぎょし》）のフカヒレは日本産が高級品であり、人気が高い。さらに、この三大珍味に加え、第四の珍味とは、「参」（海参）のナマコがある。

17　キムジャン文化を楽しむ

(1)　キムチの無形文化遺産登録

二〇一三年、日本の和食と同様に韓国の「キムチとキムジャン文化」がユネスコの無形文化遺産として登録された。

沈菜（김채：チムチェ）がキムチである。その語意は野菜を漬けたもので、白菜などの野菜と、塩・唐辛子、魚介塩辛、ニンニクなどを主に使用した漬物だ。韓国人はキムチがないと生活できない程、貴重な食べ物だ。飲食店で、キムチを含む副菜は無料で食べられる。

(2)　キムジャン文化の再生

韓国では、かつておいしいキムチが作れる女性は良妻と評価された。また、キムジャン文化とは共同作業で分かち合ったキムチの漬け込みから創造された文化だ。しかし、日本と同じく、食生活の欧米化が進み、キムチ漬け離れが進み、キムジャン文化の再生が急務となっている。

近年、日本の若い世代層を中心に激辛ファンが多く、キムチ鍋、キムチラーメン、キムチチャーハンなどの人気が高い。しかし、本場韓国のキムチの白菜の大半が中国からの輸入品である。中国産のキムチとなると、農薬残量が多いというイメージから日本人には、安全・安心の面で毛嫌いされがちだ。

(3) 隣国の食文化を楽しむ

スーパーなどでは、日本人好みの浅漬け国産キムチが売られている。また、キムチの素などの調味料を使えば、素人でも簡単に即席のキムチが作れる。本場のキムチは、塩分が少なく酸味がしっかりついているので、風味や醍醐味に大きな差がある。特に、日本製のキムチの多くはただ激辛なだけだ。日本人には是非、韓国旅行に出かけ、本場のキムチのコクのあるうま味や心地好い辛さを体験して欲しいものだ。日本人のキムチファンが増え、キムチ味の奥深さを理解し、キムジャン文化を楽しみ、かつ、和食文化との違いを学んで欲しい。特に、今後、日本と韓国との食文化の双方向の交流が盛んになることを願いたいものだ。

18　フォアグラはなぜ動物虐待か

(1) 世界三大珍味

世に珍味と呼ばれる食べ物は少なくない。世界三大珍味とは、キャビア、トリュフ、フォアグラが有名だ。

1 キャビア（caviar）

これは、チョウザメの卵の塩漬けをいう。ロシアのカスピ海・アムール川、イランのカスピ海産が有名だ。

2 トリュフ（truffe）

これは、日本名は寄生植物である西洋松露《しょうろ》という生キノコで、黒いダイヤモンドと称する。樫やはしばみの木の繊維根に共生し、地下三〇センチの地中で成育する。十一月中旬頃に市場に出始め、クリスマスの頃に最も良く食される。高級フランス料理では欠かせなく、特に、フランスのペリゴール産黒トリュフが有名だ。

3 フォアグラ（foie gras）

舌ざわり抜群のフォアグラはクリスマス用をはじめ、オードブルとして使用する。その産地は主としてフランス南西部である。日本では缶詰や生の真空パック、冷凍ものが輸入されている。

(2) ガチョウの肝臓のフォアグラ

ガチョウは数千キロにも及ぶ空の旅に飛び立つ直前、大量に食べてエネルギーを蓄える。ガチョウの肝臓が肥大化しており、おいしいことを古代エジプト人が発見した。このガチョウが家禽化されるようになった。ガチョウや鴨は夏の時期、戸外で雑草を食べている。しかし、十一月頃の強制肥育（カバージュ）するために、籠などに閉じ込めて、少量の脂と塩で味付けされたトウモロコシだけの餌を口へ無理矢理、押し込んで、食べさせ、肝臓を肥大化させるのである。

(3) 強制肥育に対する動物愛護問題

現代では、アヒルやガチョウに体重の三分の一から四分の一の餌を強制肥育することには残酷すぎると批判される。特に、動物愛護の観点からフォアグラを食すること自体が社会問題になる。たしかに、人間の胃袋の欲望は生きる動植物の抹殺の残酷な歴史が物語っている。

19　ドリアンを楽しむ観光サイクル

(1) ドリアンの臭い・匂い

世界四大果実にドリアンがある。においには、快い「匂い」と不快な「臭い」とに分けられる。双方のにおいを合わせ持つ果物の代表格といえば、ドリアンを真っ先に思い浮かべるヒトが多いのではないか。

ドリアンの木の高さは一〇〜三〇メートル程度であり、果実はヒトの頭程の大きさ、その重さは一〜五キロ位で殻は非常に固い。マレー語でドリアンのドリとはトゲ（刺）、アンとは果実だ。果実の表面は完全にトゲで覆われ完全武装されている。実の内部は五室に分かれ、各室内に二〜

三個の種子がある。種子の周りのクリーム状の可食部分は果実全体の割合からしては少量だ。

(2) ドリアンのエピソード

ドリアンは果物の王様、一方、果物の女王とは、マンゴスチンだ。ドリアンの果実は強い甘味を持ち、栄養豊富なため、国王が精力増強用として食した。また、強烈な臭気、熱帯果実の魔王(サタン)、悪魔の果物、禁断の果物という異名が多々ある。とくに、一度食べると、その臭いが匂いへと変わり、死ぬまで食べ続けたヒトやドリアンと酒とを一緒に摂って死んだヒトなど、ドリアンのエピソードはつきない。

ドリアンは強烈な臭いゆえ、一部のホテルや地下鉄、航空機内でも持込み禁止。また、路上のドリアン屋台前をタクシーで通り過ぎただけで、ガスの漏れたような悪臭が車内に充満する。このドリアンを食する体験観光は帰国後の友人らに土産話のネタづくりにもなる。

(3) おもてなし観光のPDSのサイクル

マネジメント・サイクルでは、ＰＤＳ(Plan-Do-See)という「計画-実行-評価」を心掛けることが大切だ。観光行動でも、次のような楽しみのサイクルが成立する。

❶ 旅程のPlan

出かける前の計画段階で旅程を夢見る楽しみ。

2 出かけるDo

出かけて実際の出会い・体験を楽しむ。

3 見直すSee（check・action）

帰宅した後、反省を含め、余韻として回想を楽しむ。

東南アジアでのドリアンを食する旅に出かけるにあたり、まず、何を、どのように体験するかを事前に計画する（plan）楽しみがある。実際、現地での食体験、たとえば、現地のどこの屋台へ行き、実際に、本場の王様・女王の果実を味わって見る（do）ことだ。さらに、帰国後、友人らへ、ドリアンの臭い・匂いの体験談（see）を口コミすれば、食通のおもてなし観光を楽しむPDSのサイクルが期待できる。

(4)　観光立国ニッポンの実現

最後に、日本では食にかかわる観光戦略の成果もあり、二〇三〇年には、訪日外国人数が六〇〇〇万人以上となり、多くの地方は観光ビジネスを基軸として力強く羽ばたき、創生しているはずだ。結果的に、観光立国ニッポンは夢から現実となっていること間違いなしと確信して、本書を閉じることにしたい。

99,107,108
ユネスコ　*24,45,46,47,137,185,221,222,226,266,316*
羊頭狗肉　*308,310*
四大昆布の産地　*279*

【ら行】

ラスト・シーン　*101,293*
ラマダーンの月　*292,306*
利休百首　*76*
リンカーン（Abraham Lincoln）　*222*
リンケージ　*36,91*
レガシー　*42,44,43,158*
歴史にアグラ　*34,225*
レシピづくり　*31,32,33,245*
レッドツーリズム　*39*
老老介護　*58,60,61*
六次の隔たり　*290,291*
六信五行　*306,307*
六何の法則　*20,33,222,306*
ロール寿司　*205,206*

【わ行】

ワシントン条約　*187*
笑う門には福来る　*57*
和華蘭料理　*285,286*

索　引

農場・漁場から食卓まで　*88,89,90,91,93,164*
納涼床　*239,240*

【は行】

バイキング方式　*102,293*
バイラル・マーケティング　*103*
バズ・マーケティング　*103,104*
働き方改革　*96,99,123*
はもきゅう　*185,186*
鱧祭　*185,186*
ハラル認証　*308,310*
ハラル・ポリシー　*305*
ピーク・エンドの法則　*101,102,293*
ビジット・ジャパン・キャンペーン：（VJC）　*29,34*
ビジネス・チャンス　*54,94,223,226,310*
非言語コミュニケーション　*55,57*
ひつまぶし　*21,22,23*
日の丸弁当　*126*
平賀源内　*187*
賓主歴然　*67,68,76,86*
ファーストフード　*163,164*
不易流行　*224,225*
覆水盆に返らず　*74*
不言実行型　*71,72,73*
フードチェーン　*90,91,305*
武家の故実　*216,217*
符牒　*121*
ブランチ　*292*
ブレックファースト　*292*
ベジタリアン　*296,302*
ベビーキット　*296*
平野権太夫　*278*
平松守彦　*159*
便所飯　*94*
方円の器に随う　*85*
ほうとう文化圏　*272*
北陸の寒ブリ　*154*
ホスティリティ　*73,74*
ホスピタリティの語源　*67*

【ま行】

マイス（MICE）　*41,42,110*
マザー・テレサ（Mother Teresa）　*74*
マネジメント・サイクル　*320*
ミレニアルズ世代　*143*
六日の菖蒲、十日の菊　*180,197*
無形文化遺産　*4,24,45,46,137,185,194,211,221,222,223,226,266,316*
名物にうまい物なし　*273*
名物土産ランキング　*136*
メイラード反応　*119,120*
水は方円の器に随う　*85*
メラビアンの法則　*57*
物日・紋日　*115,168*
ももんじや（百獣屋）　*211*

【や行】

梁田蛻巖　*281*
大和民族　*290*
山本五十六　*78,79,80*
有言実行型　*71,72,73*
湯木貞一　*243*
ユニバーサル・スタジオ・ジャパン（USJ）

千客万来　124,281
先言後礼　56,57
千利休　76,144,147,217
ソーシャルメディア時代　103,143,291
蕎麦御三家　209
蕎麦の三たて　208
忖度　42,209
蘇民将来子孫也　184

【た行】

大乗仏教　299,300
第六次産業　237,246,249,250
高盛り飯　215,216
抱き合わせ販売　245
多義図形　49,50
武田信玄　271
ダークツーリズム　40,49,50,51
ダニエル・カーネマン（Daniel Kahneman）　101
ダラリの法則　86
チャカポン　224,225
中国の陰陽五行説　116
中国の三大珍味　314,315
中国の調理方法　314
中国四大料理　313,314
掉尾を飾る　102,293
長幼の序　191,192
チンギス・カン(成吉思汗)　258.259
ツーウェイツーリズム　29
通夜ぶる舞い　219
テーマパーク　94,107
東京ディズニーランド　98,108,195
統合型リゾート（IR）　41,42,109,110
東北三大祭　183
時蕎麦　198
徳川御三家　158
年越し蕎麦　197,198,199
年取魚　153
トップセールス　269,270,271

【な行】

中村治兵衛宗岸　35
ながら食　302,303
新嘗祭　171,193,267
二八（にっぱち）　173
二八蕎麦　197,198
日本三大朝市　190
日本三大鰹節産地　212
日本三大魚醤　268
日本三大地鶏　261
日本三大素麺　183
日本三大そば　209
日本三大ダシ　212
日本三大七夕祭　183
日本三大中華街　102
日本三大七味唐辛子　128
日本三大庭園（日本三名園）　264
日本三大葱　199
日本三大〇〇　102
日本三大夜景　284
日本三大ラーメン　102
日本のおもてなしとは　71
ニューツーリズム　28,50
人間重視型　88,89
認認介護　60
農場から食卓まで　304,308,309

索　引

クールジャパン　*132,248*
クレド　*98*
グローカル　*220,221*
鯨飲馬食　*149*
劇場型スポーツ　*43*
元気百菜豆一生　*164*
郷に従え　*65*
国際航空運送協会 (IATA)　*293*
5W3H　*32*
五感覚の比率　*57*
五配り　*70*
「こ」食の時代　*142,143*
コストパフォーマンス　*3,87,114,116,161,181,233,237,251,264*
語先後礼　*56*
小玉新太郎　*212*
五土の要素　*4,5,113,114,115,117,135,161,181,220,232,233,237,251,264,270*
ゴリ呼び漁　*265*
コンチネンタル・プラン　*292*
昆布の産地　*279*

【さ行】

歳寒三友　*144*
サシスセソの家事　*117*
坐禅する宗派・禅宗　*219*
鯖街道　*156*
サービスの語源　*63*
サラリーマン　*65,125,196*
ザ・リッツカールトンホテル　*98*
三千家　*144,145*
三大道楽　*109*
三毒を断つ　*126*
三方よし　*35,36*
三友棚　*144,145*
持続可能な観光（sustiable tourism）　*26,28*
しつけ　*151,227,228,229,260*
四条流包丁書　*217*
持続可能な発展　*89*
ジハード　*305*
松花堂昭乗　*242*
守破離の思想　*76,77,78,79,80*
上戸（じょうご）　*118,122*
食育基本法　*228*
食料自給率　*162,220,252,253,254*
精進潔斎　*219*
松竹梅の法則　*145*
消費期限　*92,113*
賞味期限　*92.113*
昇龍道　*189*
女子会　*93*
精霊馬　*150,182*
新語・流行語大賞　*56*
神職の職階　*199*
身土不二　*162,163,173,235,252*
菅原道真　*125*
スコレー　*21*
スシ・バー　*206*
ステークホルダー　*35,36,222*
ステルス・マーケティング　*104*
スローフード　*163,164,165*
世界三大宗教　*297,298*
世界三大珍味　*317*
世界三大料理　*312*
世界四大果実　*319*

索　引

【あ行】
アウトバウンド　28,29
アエノコト　266,267
あしらい　130,131
暗黙知のワザ　71,72,188
LATA 航空会社コード　293,294
いい塩梅　126
井伊直弼　217,224
池田菊苗　116
石塚左玄　162,227
イート・イン　91
医食同源　162,163
いしる　268
椅子取りゲーム　81
一見さんお断り　99,100
一期一会　68,266
一富士、二鷹、三茄子　150
猪鹿鳥　244,245
隠語　211,282
ウサギとカメ　62
うさんくさい　269
運・根・鈍　154
エシカル消費　47,48,49
SNS　103,228,291
エスニックタウン　290,291
江戸しぐさ　75,76,85
江戸時代の蕎麦御三家　209
大阪の三大夏祭　185
大友宗麟　127
オスプレイ　202,203
オーガニック　48,163
欧米のホスピタリティとは　77
親指半島　189
オリンピック倒れにならぬか　157,158,159
オンリーワン (only one)　159,160,237,245.250.264.270

【か行】
介護の三大原則　60
外人呼ばわり　291
カイヨワ（R.Caillois）　23
顔見世興行　84
隠し包丁　214,315
学習性無力感　105,106
カースト　302
カジノ　41,109,110
カシュルート　301
ガストロノミーツーリズム　5,37,38
合食禁　138
金沢三大料理　265
金沢のゴリ料理　265
鴨川の川床　239
カラフルツーリズム　39,40
川上ビジネス　91,249
川本幸民　148
観光新幹線　263
観光の語源　20,50
キリコ祭り　189,190,191
京都の三大漬物　274
公家の有識　215
鯨　149,301
グッドマンの法則　94
クーベルタン男爵　42

〈著者紹介〉
山上　徹（やまじょう　とおる）
出　身　石川県羽咋市
学　歴　日本大学大学院商学研究科博士後期課程満期退学　商学博士
職　歴　日本大学教授、同志社女子大学教授を経て、
現　職　梅花女子大学食文化学部教授　商学博士同志社女子大学　名誉教授
同志社女子大学名誉教授、石川県人会副会長等

主な著書
『食ビジネスのおもてなし学』学文社、2015年
『ホスピタリティ・ビジネスの人材育成』（編著）白桃書房、2012年
『食文化とおもてなし』学文社、2012年
『観光立国へのアプローチ』（共編著）成山堂書店、2010年
『観光の京都論　第二版』学文社、2010年
『ホスピタリティ精神の深化』法律文化社、2008年
『京都観光学　改訂版』法律文化社、2007年
『現代観光・にぎわい文化論』白桃書房、2005年
『観光マーケティング論』白桃書房、2005年
『国際観光論』白桃書房、2004年
他多数

食通の
おもてなし観光学

定価（本体1500円＋税）

乱丁・落丁はお取り替えします。

2018年 3月20日初版第1刷印刷
2018年 3月26日初版第1刷発行
著　者　山上　徹
発行者　百瀬精一
発行所　鳥影社 (choeisha.com)
〒160-0023 東京都新宿区西新宿3-5-12トーカン新宿7F
電話 03(5948)6470, FAX 03(5948)6471
〒392-0012 長野県諏訪市四賀229-1(本社・編集室)
電話 0266(53)2903, FAX 0266(58)6771
印刷・製本　モリモト印刷・高地製本

ISBN978-4-86265-665-0 C0039